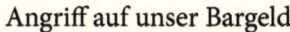

Angriff auf unser Bargeld

1. Auflage März 2023

Copyright © 2023 bei
Kopp Verlag, Bertha-Benz-Straße 10, D-72108 Rottenburg

Lektorat: Swantje Christow
Satz und Layout: Martina Kimmerle
Umschlaggestaltung: Nicole Lechner, Stefanie Huber

ISBN: 978-3-86445-919-1

Gerne senden wir Ihnen unser Verlagsverzeichnis
Kopp Verlag
Bertha-Benz-Straße 10
D-72108 Rottenburg
E-Mail: info@kopp-verlag.de
Tel.: (0 74 72) 98 06–10
Fax: (0 74 72) 98 06–11

Unser Buchprogramm finden Sie auch im Internet unter:
www.kopp-verlag.de

BCE ECB EZB EKT EKP 2002

500

Michael Brückner

Angriff auf unser
BARGELD

Warum ein Bargeldverbot vorbereitet wird, wer davon
profitiert und wie Sie Ihr Vermögen davor schützen

500

KOPP VERLAG

INHALT

VORWORT

Auf den ersten Blick stimmt es ja: Eigentlich haben wir in Deutschland und Österreich aktuell größere Probleme als ein mögliches Bargeldverbot. Noch zahlt etwa die Hälfte der Bundesbürger mit Scheinen oder Münzen. Nur dort, wo es nicht anders geht – vor allem bei Bestellungen oder Buchungen im Internet –, begleichen wir die Rechnung elektronisch oder konventionell per Banküberweisung. Und in den meisten Restaurants und Einzelhandelsgeschäften ist Bargeld gern gesehen. Damit sind wir in einer aus Sicht der Bargeldbefürworter komfortablen Situation. Solange rund die Hälfte der Bürger (und damit auch der Wähler) an der anonymen Zahlungsweise mit Bargeld festhält, werden die Politiker aller Parteien sehr vorsichtig sein, Cash-Restriktionen oder gar Cash-Verbote durchzusetzen. Das unterscheidet uns glücklicherweise von vielen Nachbarstaaten.

Während der Coronapandemie glaubten freilich viele, nun sei endlich die Zeit gekommen, auch die Deutschen und Österreicher zu einem verstärkten Einsatz von elektronischen Zahlungssystemen zu bringen und sie in diese Richtung hin zu erziehen. Bargeld sei unhygienisch, Banknoten stellten geradezu Bakterien- und Virenschleudern dar. Diese Behauptung hat schon vor Jahren die Schwedin Agnes Wold, Professorin für Klinische Mikrobiologie am schwedischen Sahlgrenska University Hospital, widerlegt. Bakterien brauchten Luft und Nährstoffe, um mehr als ein paar Stunden zu überleben. Im Portemonnaie hätten sie also keine Chancen. Bei den auf Geldscheinen festgestellten Bakterien handele es sich überwiegend um »harmlose Hautbakterien«[1].

Dazu passt eine Nachricht zum Thema Bargeldhygiene überhaupt nicht. Studien zufolge tummelten sich angeblich 26 000 potenziell gesundheitsschädigende Bakterien auf einer Banknote. Darunter zahlreiche Darmbakterien. Zweifel an der Stichhaltigkeit dieses Hygienearguments kamen auf, als publik wurde, wer hinter dieser schockierenden Nachricht stand: der Kreditkartenanbieter Mastercard.

Bargeld ist vermutlich auch nicht unhygienischer als ein Händedruck. In beiden Fällen hat sich häufiges Händewaschen als probate Vorsorge erwiesen. Deshalb muss man das Bargeld nicht abschaffen. Im Übrigen: Auch eine Karte geht durch viele Hände. Wer hätte das zum Beispiel noch nicht beobachtet: Die Karte funktioniert nicht, die Kassiererin im Supermarkt will dem Kunden behilflich sein, nimmt die Karte an sich und versucht, den Bezahlvorgang einzuleiten. Überlegen Sie mal, wie viele Menschen Ihre Karte in den vergangenen Wochen kurzzeitig in Händen hatten. Und auch die Tastatur zur Eingabe der PIN ist sicher ebenfalls alles andere als aseptisch.

Die Deutschen und Österreicher halten ihrem Bargeld die Treue. Als die Coronapandemie abflaute, stieg auch die Zahl der Barzahler wieder. Wahr ist aber auch: Die »Einschläge« kommen näher. Auch in jenen Ländern, in denen bisher das Bargeld noch eine wichtige Rolle spielte, wächst der Einfluss derjenigen, die sich – aus unterschiedlichen und oftmals durchsichtigen eigennützigen Gründen – für eine bargeldlose Gesellschaft einsetzen. Die demokratisch nicht legitimierte Organisation Financial Action

Task Force on Money Laundering (FATF) zum Beispiel stellte im Herbst 2022 die hohe Bargeldaffinität der Deutschen als großes Problem dar und sprach sich für Anreize aus, damit sie Bargeld weniger nutzen. Und die Chefin der Europäischen Zentralbank, die Nichtökonomin Christine Lagarde, hat Ende 2022 auf einer Veranstaltung in Brüssel klar und deutlich erklärt, wie der sogenannte digitale Euro das Bargeld verdrängen soll.

Muss uns das alles beunruhigen? Absolut, denn Bargeldrestriktionen oder gar ein Bargeldverbot würde uns unter anderem der Möglichkeit berauben, weiterhin anonym und ohne Spuren zu hinterlassen einzukaufen. Wen geht es zum Beispiel etwas an, welche Arzneimittel Sie in der Apotheke erstehen? Bei einer elektronischen Zahlung kann hingegen jederzeit nachvollzogen werden, wann und wo Sie welche Medikamente erworben haben.

Auch ganz praktische Erwägungen sprechen eindeutig für Bargeld. Erinnern Sie sich noch an das Frühjahr 2022? Damals ging bei verschiedenen Einzelhandelsgeschäften und Drogerien nichts mehr ohne Bares. Ab 24. Mai 2022 kam es zu anhaltenden Störungen bei Kartenzahlungssystemen, die tagelang andauerten. Supermärke wie Aldi, Rewe und Rossmann konnten keine Kartenzahlungen entgegennehmen. Ursache für die Störungen war ein versionsbedingter Zertifikatsfehler innerhalb bestimmter POS-Terminals (POS = Point of Sale) von Verifone, einem US-amerikanischen Anbieter von Hardwareprodukten zur Zahlungsabwicklung. Verifone mit einem Jahresumsatz von rund 2 Milliarden US-Dollar gehört zu den führenden Profiteuren einer bargeldlosen Gesellschaft. Im Mai 2022 aber war plötzlich der Barzahler wieder König.

Die Folgen eines tagelangen Blackouts werden nicht erst seit dem Ukraine-Krieg diskutiert. Was noch vor wenigen Jahren – wie üblich – als »Verschwörungstheorie« abgetan wurde, ist seit einiger Zeit eine reale Gefahr. Wenn es keinen Strom mehr gibt, funktionieren auch die Kartenterminals an den Kassen von Supermärkten und Tankstellen nicht mehr. Die Bezahlung per Smartphone ist ebenfalls nicht mehr möglich, da die Akkus der Handys nicht aufgeladen werden können. Wohl dem, der über Bargeldreserven verfügt. Er hat zumindest gute Chancen, sich mit Lebensmitteln und Wasser zu versorgen und sein Auto aufzutanken.

Sie sehen, es gibt zahlreiche Gründe, die gegen eine bargeldlose Gesellschaft sprechen. Auf den nachfolgenden Seiten werden wir viele davon thematisieren und Ihnen auch sagen, weshalb es keine schlechte Idee ist, sich gegen eine bargeldlose Gesellschaft zu engagieren. In diesem Sinne wünsche ich Ihnen viel Erfolg. Und denken Sie immer daran: Nur Cash ist fesch!

Ihr Michael Brückner
Ingelheim, Februar 2023

Die Deutschen und Österreicher halten ihrem Bargeld die Treue

1.

DIE
SCHLEICHENDE
ABSCHAFFUNG
UNSERES
BARGELDES

Wenn es darum geht, den Bürgern gegen deren mehrheitlichen Willen das Bezahlen mit Bargeld zu verbieten oder dieses zumindest einzuschränken, erweisen sich die EU-Behörden und die Europäische Zentralbank (EZB) als äußerst kreativ. Sicher erinnern Sie sich noch an den 500-Euro-Schein, zu Gesicht bekommt man ihn jedoch nur noch sehr selten. Denn schon am 4. Mai 2016 entschied der EZB-Rat, die Produktion und Ausgabe dieser Banknote gegen Ende des Jahres einzustellen. Angeblich zur Bekämpfung von Geldwäsche und Steuerhinterziehung. Während den EU-Europäern die zuletzt als »Schurkenschein« diffamierte 500-Euro-Note genommen wurde, darf in der benachbarten Schweiz weiterhin mit 1000-Franken-Scheinen gezahlt werden.

Im Jahr 2021 schlug die EU-Kommission eine Bargeldobergrenze von 10 000 Euro vor, die in allen Staaten der Europäischen Union eingeführt werden sollte. Die deutsche Innenministerin Nancy Faeser forderte, im Jahr 2022 eine solche Bargeldobergrenze in Deutschland einzuführen. Damit müssten alle Geschäfte ab 10 000 Euro elektronisch vollzogen werden. Der Kunde würde endgültig gläsern, weil solche Transaktionen über sein Bankkonto liefen.

Kurz vor Weihnachten 2022 platzte dann in Brüssel eine ganz andere wirtschaftliche Bombe. Teile des Europäischen Parlaments (ansonsten stets auf der »Gutmenschenseite«) schienen in einem Sumpf der Korruption zu versinken. Im Mittelpunkt des hohe Wellen schlagenden Skandals: die griechische Sozialistin und Vizepräsidentin des Parlaments Eva Kaili, damals 44 Jahre alt. Sie und weitere Beschuldigte wurden unter dem Verdacht der bandenmäßigen Korruption und der Geldwäsche von den belgischen Behörden festgenommen. Bei der früheren TV-Journalistin hätten die Ermittler »säckeweise Bargeld« gefunden, berichtete die

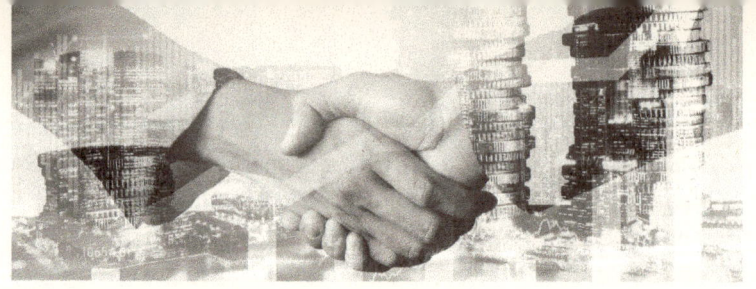

belgische Tageszeitung *L'Echo*[2]. Insgesamt, so war Ende 2022 zu hören, sei es um über 600 000 Euro gegangen.

Was sagt uns das? Es sagt uns, dass manche von denen, die uns das Bargeld nehmen wollen, sich selbst die Taschen damit vollstopfen. Das ist die Doppelmoral, die in politischen Kreisen nicht eben selten ist. Nach dem Motto »Haltet den Dieb!« zeigen manche aus der politischen Klasse auf Oligarchen (ganz gleich, ob in Russland oder Katar, lediglich mit den ukrainischen Oligarchen geht man sehr viel nachsichtiger um), haben aber keine Hemmungen, ihr (Schwarz-)Geld anzunehmen.

Ich stelle diesen Fall von dreister Doppelmoral an den Anfang dieses Buches über das drohende Bargeldverbot, weil wir immer wissen sollten, wie gerade auch in Brüssel, wo man sich gern über Orbán und Putin empört, mit zweierlei Maß gemessen wird. Aber das sind doch Einzelfälle, begangen von »schwarzen Schafen«, mag da mancher beschwichtigen und relativieren. Das ist sicher richtig. Aber ein Parlament, das sich nicht selten als eine der höchsten europäischen Moralinstanzen geriert, muss ganz besonders strenge Maßstäbe akzeptieren.

Das Thema Bargeldverbote beziehungsweise Bargeldrestriktionen beschäftigt mich seit vielen Jahren. Als ich im Jahr 2013/2014 die ersten Interviews zu diesem Thema gab und davor warnte, Regierungen, Zentralbanken, einflussreiche internationale Organisationen und Milliardäre wie Bill Gates wollten uns das Bargeld abnehmen, musste ich mir noch den Vorwurf anhören, das sei doch »wieder einmal so eine Verschwörungstheorie«.

Alles andere als eine Theorie, sondern eher haarsträubende Praxis war das, was ich in einigen EU-Ländern schon vor Jahren erlebte. Zum Beispiel in Schweden – einem Land, das zum Vorreiter für Bargeldverbote geworden ist. Vor einigen Jahren verbrachte ich ein Wochenende in Stockholm, um über die schwedischen Parlamentswahlen zu berichten. Am Montagnachmittag traf ich wieder am Flughafen Arlanda ein, um mit der Abendmaschine zurück nach Frankfurt zu fliegen. Da mir noch etwas Zeit bis zum Boarding blieb, bestellte ich in einer kleinen Bar einen Espresso und wollte bar bezahlen. Doch der Mitarbeiter wies die Banknote brüsk zurück: »Sorry, Sir, no cash!« Und so zahlte ich umgerechnet etwa 3 Euro mit der Karte.

Unvorstellbar in Deutschland und in Österreich, denken Sie vielleicht jetzt. Und tatsächlich ist der Widerstand gegen ein mögliches Bargeldverbot in den deutschsprachigen Ländern noch groß. Doch das ist gleichsam eine Momentaufnahme. Je jünger die Verbraucher, desto größer ihre Bereitschaft, mit Karte oder – ungleich »cooler« – mit ihrem Smartphone zu zahlen. Das heißt, die Zahl der Cash-Freunde wird in den kommenden Jahren zurückgehen, wenn es nicht gelingt, der jüngeren Generation die Vorteile des Barzahlens zu vermitteln. Das freilich dürfte nicht einfach werden, denn der Hinweis auf die Anonymität wird junge Frauen und Männer, die selbst intime Dinge arglos über die sozialen Netzwerke hinausposaunen, kaum überzeugen.

Doch einstweilen gilt: 54 Prozent der Deutschen zahlen am liebsten bar. Während der sogenannten Coronapandemie, als die Kunden in den Supermärkten aufgefordert wurden, »nach Möglichkeit« unbar zu zahlen, ging die Zahl der Cash-Freunde vor-übergehend zwar etwas zurück, stieg danach aber wieder leicht. Deutschland ist derzeit noch der Barzahler-Europameister, etwa gleichauf mit den österreichischen Nachbarn. Zu diesem Ergeb-nis kommt eine im Herbst 2022 von der Unternehmensberatung Strategy& veröffentlichte Studie. Die Kernaussage: Bei deutschen Konsumenten bleibt Bargeld viel beliebter als in anderen europä-ischen Staaten.[3] Während – wie erwähnt – 54 Prozent der deut-schen Konsumenten Bargeld favorisieren, sind dies im Schnitt der anderen für diese Studie untersuchten fünfzehn Nationen nur 37 Prozent. Am wenigsten Cash-affin sind die Skandinavier. So zahlen nur 17 Prozent der Dänen am liebsten bar. In Österreich sind es immerhin noch 47 Prozent.

Mittlerweile gibt es laut der erwähnten Erhebung der Unterneh-mensberater eine – wenn auch nur langsam – wachsende Minder-heit in der EU, die sogar ohne Portemonnaie zum Einkaufen geht und lieber per Smartphone zahlt: Im Schnitt der fünfzehn Länder waren es ein gutes Fünftel (21 Prozent), in Deutschland allerdings weniger als jeder Zehnte (9 Prozent).

Aber auch, wenn es manchem »uncool« erscheinen mag, seine Rechnung in bar zu bezahlen, gibt es sie: Menschen im jüngeren und mittleren Alter, für die Cash nach wie vor fesch ist. Interes-sant ist in diesem Zusammenhang ein Meinungsbeitrag der FAZ-Kollegin Johanna Dürrholz. Sie outete sich in einem Zeitungsbei-trag als Bargeldanhängerin und schrieb Ende 2022:

> *»Wieso muss alles gleich ganz elektronisch, kontakt-los und irgendwie unpersönlich sein? An die Geldscheine, die mir Verwandte früher in Umschläge steckten, erinnere ich mich jedenfalls anders als an spätere*

*Überweisungen (auch wenn ich Letztere genauso gut
gebrauchen konnte). Und ich frage mich auch, wie man
überhaupt Kindern oder Musikern oder Wohnungslosen
etwas zukommen lassen kann, so ganz ohne Geld in der
Tasche. Es ist nicht nur die Haptik und das Gefühl, etwas
zu haben – Bar- und Kleingeld hilft einem auch dabei,
mal ein bisschen was davon abzugeben. Also: Mit dem
Handy zahlen: fancy. Mit Karte zahlen: praktisch. Ein
paar Münzen in der Tasche haben: unbezahlbar.«*[4]

Mancher mag hoffen, in Deutschland werde es wohl kaum zu einem Bargeldverbot kommen, das würden die Politiker dann doch nicht wagen. Vorsicht, einiges wurde bereits durchgesetzt – und ein Protestschrei blieb aus. Denken Sie nur an die bereits erwähnte Abschaffung des 500-Euro-Geldscheins. Es gehört nicht allzu viel Fantasie dazu, bald auch das Ende der 200-Euro-Banknote für realistisch zu halten, zumal von diesem gelben Geldschein ohnehin vergleichsweise wenige im Umlauf sind.

Und vielleicht erinnern Sie sich noch an Zeiten, als Sie den Handwerker, der in Ihrer Wohnung eine kleinere Reparatur vorgenommen hatte, mit Bargeld bezahlten. Heute ist das nicht mehr möglich, denn Rechnungen für Handwerker und für haushaltsnahe Dienstleistungen können nur in der Steuererklärung angesetzt werden, wenn sie NICHT bar bezahlt wurden. 20 Prozent der Lohnleistungen aus Handwerkerrechnungen können in der Steuererklärung direkt abgesetzt werden.

Keine Frage, das Bargeld »stirbt still«, ohne großes politisches Tamtam. Haben Sie zum Beispiel schon einmal beobachtet, wie viele Geldausgabeautomaten in Ihrer Umgebung in den vergangenen Jahren verschwunden sind? Allein in Aachen etwa wurde seit 2019 ein Viertel aller Geldausgabeautomaten abgebaut. Weitere sollen in den nächsten Jahren folgen. Offiziell heißt es, immer mehr Kriminelle seien aus den benachbarten Niederlanden nach Aachen gekommen und hätten dort die Cash-Automaten gesprengt. Tatsächlich ist die Zahl der Sprengungen von Geldautomaten in den vergangenen Monaten und Jahren deutlich gestiegen. Die mutmaßlichen Täter sind zum Großteil kriminelle Clanmitglieder. Finanzdienstleister wie die Commerzbank haben im Jahr 2022 damit begonnen, die Cash-Versorgung an externe Automatenanbieter auszulagern. Betroffen davon waren in den Jahren 2022/2023 rund hundert Standorte.

Die Volks- und Raiffeisenbanken betrieben im Jahr 2013 noch knapp 20 000 Geldausgabeautomaten. Im Jahr 2021 waren es nach Angaben des Bundesverbandes der Deutschen Volks- und Raiffeisenbanken (BVR) nur noch 16 309 Automaten.

Die Vielzahl von Sprengungen ist sicher ein Argument für diese Maßnahme, freilich nicht das einzige – und vermutlich nicht einmal das entscheidende. Die Banken und Sparkassen wollen schlicht Kosten sparen und bauen ihre Selbstbedienungsinfrastruktur Stück für Stück ab. Denn, so das Kalkül, irgendwann dürfte Bargeld ohnehin keine große Rolle mehr spielen. Dann werden alle Transaktionen über das Girokonto oder das Smartphone abgewickelt. Ich komme später noch einmal auf dieses Thema zurück.

Was aber, wenn der Bankkunde kleinere Summen an Bargeld braucht? Muss er dann bald seine Tageszeitung oder Brötchen elektronisch zahlen, so wie das in Skandinavien hier und da schon üblich ist? Tatsächlich übernehmen die Supermärkte mehr und mehr die Rolle der Cash-Versorger. Wer mit seiner Karte zahlt, wird an der Supermarktkasse sogleich gefragt: »Möchten Sie noch Bargeld mitnehmen?« Immerhin, noch bekommt der Kunde Bargeld; wer weiß, wie lange noch? Es ist für nicht wenige Kunden gewiss gewöhnungsbedürftig, neben dem Einkauf von Tomaten und Käse auch seine Geldgeschäfte an der Supermarktkasse abzuwickeln. Umgekehrt wäre sicher niemand auf die Idee gekommen, am Bankschalter nach Mozzarella oder Salami zu fragen.

Damit nicht genug, inzwischen versuchen einige Einzelhandelsketten einfache Bankgeschäfte abzuwickeln. Konkret: Der Kunde kann an der Kasse nicht nur sein Geld von seinem Konto abheben, sondern auch einzahlen. Er gibt hierzu in seine Banking-App den betreffenden Betrag ein und erzeugt einen Barcode, der an der Kasse gescannt wird. Die Gebühren sind allerdings ziemlich happig: Wer 500 Euro einzahlt, wurde von seiner Bank Ende 2022 schon mit 7,50 Euro zur Kasse gebeten.

Die Zahl der Sprengungen von Geldautomaten ist in den vergangenen Monaten und Jahren deutlich gestiegen

»Banking« an der Supermarktkasse ist vor allem für kleinere Beträge ausgelegt, also nur für ein kleines »Taschengeld«. Und genau das ist der entscheidende Punkt: Der Tag dürfte nicht fern sein, an dem Sie keine größeren Bargeldbeträge mehr bekommen – weder am Bankschalter und schon gar nicht an der Supermarktkasse. Sie bekommen vielleicht 100 Euro »Taschengeld«, alles andere müssen Sie mit Karte oder Ihrem Smartphone zahlen.

Aber es geht doch nicht um 100 Euro, mag da mancher einwenden und auf die eingangs erwähnte Forderung der deutschen Innenministerin Nancy Faeser verweisen, die noch im Jahr 2022 für eine Bargeldobergrenze von 10 000 Euro plädiert hatte. Ein Betrag von 10 000 Euro – damit könnten wohl viele leben, obgleich es schon mit dieser Obergrenze schwierig sein dürfte, zum Beispiel einen gut erhaltenen Gebrauchtwagen der oberen Mittelklasse zu erstehen. Das eigentliche Problem: Dieser für viele Bürger scheinbar noch akzeptable Höchstbetrag ist sicher nur der Einstieg in den Ausstieg. Sprich: Die Höchstgrenzen werden wohl in den kommenden Jahren langsam, aber sicher weiter gesenkt werden.

Wie so etwas konkret umgesetzt werden kann, zeigt ein anderes Beispiel. Früher konnte man Gold bis zu einem Höchstbetrag von 14 999,99 Euro in Form eines anonymen Tafelgeschäfts erwerben. Das heißt, man musste sich gegenüber dem Verkäufer nicht ausweisen, sondern legte das Geld einfach auf den Tisch (die »Tafel«). Damit war es im Juni 2017 vorbei. Die Obergrenze wurde auf 9999,99 Euro reduziert. Halb so schlimm, dachten da viele. Immerhin konnte man fortan noch Gold für knapp 10 000 Euro pro Transaktion anonym kaufen. Doch schon ein Jahr später verabschiedete die EU ein Maßnahmenbündel, angeblich zur Bekämpfung von Terrorismus und Geldwäsche. In der Folge sind seit

1. Januar 2020 nur noch anonyme Tafelgeschäfte bis zu 1999,99 Euro möglich. Mit anderen Worten: Selbst einen 50-Gramm-Goldbarren kann man seither nicht mehr anonym erwerben. Und so mancher würde heute schon eine Wette abschließen, dass Tafelgeschäfte am Ende komplett verboten werden.

Eine ähnliche Entwicklung dürfte auch bei den Bargeldobergrenzen zu erwarten sein. In manchen Ländern gibt es bereits Cash-Limits von gerade einmal 500 Euro. Und noch ist die Obergrenze von 10 000 Euro nicht eingeführt, da verlangt der Bundesrechnungshof schon einen Grenzbetrag von nur 5000 Euro.[5] Geben wir uns daher keinen Illusionen hin – bei einem Grenzbetrag von 10 000 Euro wird es auf Dauer nicht bleiben. Er wird, so höre ich aus Bankenkreisen, spätestens im Jahr 2030 bei 3000 Euro liegen. Davon profitieren dann alle, die sich jetzt für Bargeldrestriktionen mächtig ins Zeug legen: Der Staat kann seine Bürger noch besser überwachen (Stichwort: gläserne Verbraucher), Industrie und Dienstleister sowie deren Marketingagenturen erfahren alles über die Konsumgewohnheiten ihrer Kunden, die Banken können die kostspieligen Geldausgabeautomaten demontieren und brauchen kein Bargeld mehr bereitzuhalten, wodurch auch Sicherheitsmaßnahmen gegen Banküberfälle weitgehend entbehrlich werden, und die Notenbanken brauchen kein Papiergeld mehr zu emittieren, sondern können sich auf Digitalgeld konzentrieren (davon später mehr).

Doch bevor wir in die Zukunft blicken, wollen wir uns zunächst anschauen, wie die Deutschen aktuell bezahlen (Stand: 2022).[6] Etwa 72 Prozent der Verbraucher zahlen nach wie vor mit Bargeld; immer noch mit weitem Abstand das beliebteste Zahlungsmittel, obwohl sein Einsatz im Jahr 2020 noch bei über 80 Prozent lag. Noch relativ wenig beliebt ist bei den Deutschen Mobile

Wie zahlen die Deutschen?

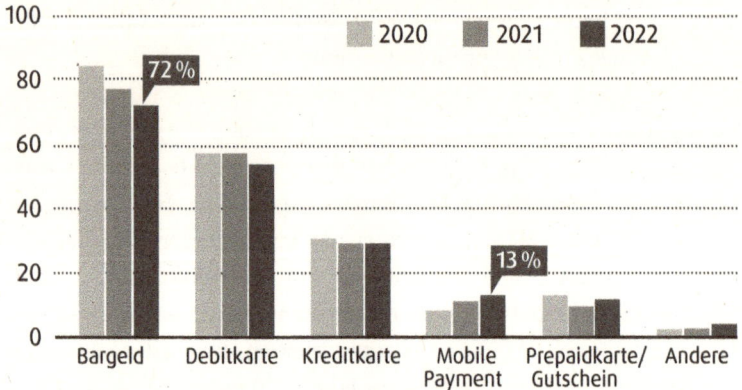

Anteil der Befragten, die in den letzten 12 Monaten unterwegs folgende Zahlungsmittel genutzt haben*

Legende: 2020 2021 2022

*Einzelhandel, Restaurants und andere Points of Sale // Basis 2100–4500 Befragte (18–64 Jahre) in Deutschland; Mehrfachantworten möglich // Quelle: Statista Global Consumer Survey

Payment, also die Zahlung mit Smartphone (13 Prozent). Der Einsatz von Debitkarten (EC-Karten) bei Transaktionen ging leicht zurück und liegt jetzt bei etwas mehr als 55 Prozent. Der Einsatz von Kreditkarten stagniert etwas und liegt bei unter 30 Prozent. Die Prozentzahlen geben den Anteil der Befragten wieder, die in den letzten 12 Monaten unterwegs die entsprechenden Zahlungsmittel genutzt haben.

Als die sogenannte Coronapandemie ausbrach, setzten, wie schon kurz erwähnt, die Verbraucher aufgrund mehr oder minder deutlichen Drucks des Einzelhandels stärker auf bargeldlose Zahlungsmöglichkeiten. Doch dieser Effekt schwächte sich zum Ende des Jahres 2021 wieder ab, was für die anhaltende Liebe eines großen Teils der Deutschen zu ihrem Bargeld spricht.[7]

Die Coronapandemie und die mit ihr einhergehende Vermeidung physischer Kontakte hatte vorübergehend die Nutzung von Münzen und Scheinen deutlich reduziert. Im Einzelhandel wurde auf Schildern um bargeld- oder sogar kontaktlose Zahlung gebeten; viele kleinere Geschäfte richteten erstmals bargeldlose Zahlungsmöglichkeiten ein. Im Hinblick auf die Zahlungsgewohnheiten scheint aber bei manchem Konsumenten rasch eine Gewöhnung an die Pandemie eingetreten zu sein: Der Anteil derer, die angeben, weniger Bargeld beziehungsweise mehr Kartenzahlung zu nutzen als vor Corona, hat sich gegenüber Mai 2020 verringert. Im Rahmen einer repräsentativen Umfrage der Direktbank ING (früher ING-DiBa) im November 2021 zeigte sich:

→ Rund ein Drittel der Deutschen verwendete vorübergehend weniger Bargeld als vor der Pandemie. Der Anteil sank von 44 Prozent im Mai 2020 auf 34 Prozent. Inzwischen ist er wieder gestiegen.

→ Bei einzelnen Ausgabearten blieben Bargeldzahlungen aber auf dem Vormarsch. Dies gilt vor allem für Ausgaben, die immer noch einen hohen Barzahleranteil aufweisen, zum Beispiel der Kaffee zwischendurch oder Fahrten mit dem Taxi. Ihre regelmäßigen Lebensmitteleinkäufe zahlen über 60 Prozent der Deutschen üblicherweise bereits bargeldlos; dieser Anteil stagnierte.

→ Weiterhin zeigte sich ein starkes Altersgefälle bei den Zahlungsgewohnheiten. So bezahlte beispielsweise in den Altersgruppen unter 35 Jahren fast die Hälfte ihren Kaffee oder gelegentliche Snacks meist bargeldlos, in den Altersgruppen ab 35 Jahren aufwärts ist es nur rund ein Fünftel.

Fazit: Sogar die Coronakrise vermochte es nicht, die Liebe der Deutschen zum Bargeld nachhaltig zu brechen. Allenfalls kam es zu vorübergehenden Effekten.

Die Verbraucher wissen nun mal, dass der Einsatz von Bargeld eines der letzten Refugien darstellt, um ihre Anonymität sicherzustellen. Konsumenten, die nicht gläsern und transparent für alle möglichen neugierigen Marktteilnehmer werden möchten, zahlen eben bar. Denn jeder ahnt: Es geht nicht darum, Geldwäschern und Steuerbetrügern das Handwerk zu legen. Denn diese obskuren Zeitgenossen sind sehr schnell in der Lage, ihre krummen Geschäfte in alternativen Parallelwährungen abzuwickeln.

Nun mag man einwenden, dass schon ein Ende der illegalen Beschäftigung, in erster Linie also der Schwarzarbeit, Grund genug sei, über Bargeldrestriktionen nachzudenken. Das mag sein, freilich stellt sich dann die Frage der Verhältnismäßigkeit. Sind wir bereit, unsere Privatsphäre völlig aufzugeben und zu »gläsernen Kontosklaven« zu werden, nur um die Schwarzarbeit einzudämmen – ein Delikt, das umso verführerischer wird, je mehr der Staat an der Steuer- und Abgabenschraube dreht?

Überdies erinnern Sie sich vermutlich noch an die Situation bis etwa Mitte des Jahres 2022. Damals erhielten Sie nicht nur keine Zinsen für Ihre Spareinlagen, sondern mussten sogar noch ein »Verwahrentgelt« zahlen, wobei das Wort Strafzinsen diese Konditionen wohl besser umschreibt. Angesichts rapide steigender Inflationsraten (in Deutschland erstmals seit Jahrzehnten wieder zweistellig) wurden in der zweiten Hälfte des Jahres 2022 die Zinsen leicht erhöht und die Strafzinsen nach und nach abgeschafft (trotzdem lag die Inflation nach wie vor deutlich über den geringen Zinsen, und die Sparer fuhren erhebliche Verluste ein).

Ein Bargeldverbot – und sogar schon eine Bargeldrestriktion – eröffnet weitreichende Möglichkeiten, Negativzinsen durchzusetzen. Solange es noch Bargeld gibt, haben Sie die Möglichkeit, von Ihrem Girokonto Bargeld abzuheben und es in Wertschließfächern (am besten von privaten Anbietern) oder auch zu Hause aufzubewahren, was naturgemäß mit Risiken verbunden ist. Damit entgehen Sie Negativzinsen. Nach der Abschaffung des Bargeldes hingegen hat eine Bank freie Hand. Sie kann Negativzinsen in jeder beliebigen Höhe umsetzen, ohne dass Sie sich als Kunde dagegen wehren können, denn wenn es kein Bargeld mehr gibt, können Sie auch keines abheben und zu Hause aufbewahren.

Doch schon ohne offizielle Bargeldrestriktionen hat eine Reihe von Banken die Möglichkeiten zur Bargeldversorgung leise, still und heimlich eingeschränkt. Mehrere Geldinstitute haben nämlich zum Ende des Jahres 2022 die Bargeldabholung so eingegrenzt, dass es nicht mehr rund um die Uhr Bargeld an den Geldausgabeautomaten gibt. Offizielle Begründung sind die größtenteils nachts stattfindenden Automatensprengungen. Durch die nun vorgenommenen Einschränkungen bei der Bargeldabholung möchten die Banken – so die offizielle Begründung – diesen kriminellen Aktivitäten einen Riegel vorschieben. Mit anderen Worten: Bankkunden müssen sich künftig wohl auch an »Öffnungszeiten« der Geldausgabeautomaten ihrer Bank gewöhnen. Denn nachts wird es an manchen Banken künftig kein Bargeld mehr geben. Im Zeitraum von 6:00 bis 23:00 Uhr gibt der Automat noch Geldscheine aus, doch in der Zeit von 23:00 bis 6:00 Uhr nicht mehr. Manche Geldinstitute schließen mittlerweile sogar schon um 22:00 Uhr den Betrieb ihrer Automaten im SB-Foyer. Man könnte auch sagen: Die Bürger werden peu à peu auf Bargeldentzug gesetzt.

Bargeldlimits an EU-Grenzen

Binnenmarkt hin, Währungsunion her, wer innerhalb der Europäischen Union unterwegs ist, muss – wenn er erhebliche Probleme vermeiden will – auf die Bargeldgrenzen achten. Hierzu heißt es auf der Webseite des deutschen Zolls (*www.zoll.de*): »Bei der Einreise nach Deutschland aus einem Mitgliedstaat der EU und bei der Ausreise aus Deutschland in einen Mitgliedstaat der EU müssen mitgeführte Barmittel und gleichgestellte Zahlungsmittel im Gesamtwert von 10 000 Euro oder mehr den Kontrolleinheiten des Zolls auf Befragen mündlich angezeigt werden.

Als Barmittel gelten:

→ Bargeld wie zum Beispiel Banknoten und Münzen, die gültige Zahlungsmittel sind

→ Banknoten und Münzen, die keine gültigen Zahlungsmittel sind, aber noch in eine Währung umgetauscht werden können, die gültiges Zahlungsmittel ist (zum Beispiel Deutsche Mark, Österreichischer Schilling usw.)

→ Übertragbare Inhaberpapiere wie zum Beispiel
- Solawechsel
- Schecks und Reiseschecks
- Aktien
- Zahlungsanweisungen und
- Gold in Form von Barren, Nuggets oder Klumpen mit einem Goldgehalt von mindestens 99,5 Prozent

Als gleichgestellte Zahlungsmittel gelten:

➜ Edelmetalle (also zum Beispiel Goldmünzen), Edelsteine (roh oder geschliffen) und elektronisches Geld (das Sie etwa auf Ihrem Smartphone gespeichert haben), Sparbücher, Sparbriefe, Schecks oder Reiseschecks, Aktien.

Ausländische Währungen müssen mit dem Sortenkurs am Tag der Ein- beziehungsweise Ausreise umgerechnet werden. Für die Berechnung von Anlagemünzen (also etwa goldene Philharmoniker- oder Maple-Leaf-Münzen) wird nicht der Nominalwert der Münzen, sondern der tatsächliche Wert zugrunde gelegt.«

Die aktuellen Ankaufs- und Verkaufspreise für Edelmetallmünzen oder -barren erfahren Sie zum Beispiel auf der Internetseite von seriösen Goldhändlern wie etwa *www.proaurum.de*.

Sie tun übrigens gut daran, diese Bargeldlimits für den grenzüberschreitenden Verkehr genau zu befolgen, denn ansonsten können unter Umständen drakonische Strafen drohen. Werden Sie von einem Zöllner aufgefordert, Barmittel oder gleichgestellte Zahlungsmittel anzuzeigen, und Sie kommen dieser Aufforderung nicht oder nur unvollständig nach, drohen hohe Bußgelder.

Ich habe seit vielen Jahren einen Zweitwohnsitz in Lindau (Bodensee); die Grenze nach Österreich ist nur wenige Autominuten entfernt. Es gibt zwar keine offizielle Grenze mit Schlagbaum und Passkontrollen mehr, da Österreich und Deutschland bekanntlich Mitgliedstaaten der EU sind. Trotzdem kommt es immer wieder vor, dass vor allem Einreisende aus Österreich nach Deutschland vom Zoll gestoppt und ihre Autos im Verdachtsfall durchsucht werden.

Perfekte Bewegungsprofile

Viele Bürger schätzen das bargeldlose Zahlen mit dem Smartphone oder der Karte, weil es angeblich so bequem und modern ist. Dass Sie damit eine breite Datenspur hinterlassen, scheint im Zeitalter von Social Media keinen mehr zu stören. Wer bargeldlos zahlt, lässt nicht nur Rückschlüsse auf sein Konsumverhalten zu, vielmehr lässt sich auch ein perfektes Bewegungsprofil erstellen, was folgendes fiktive Beispiel beweist:

8:10 Uhr: Frau Glas kauft in einem Supermarkt in Wiesbaden und zahlt 34,50 Euro per Smartphone. Was sie kaufte und wie hoch der Preis ist, kann bei Bedarf jederzeit nachvollzogen werden.

8:55 Uhr: Frau Glas kauft in einer Buchhandlung Bücher und eine Fachzeitschrift. Sie zahlt erneut mit Smartphone. Alles ist registriert.

11:15 Uhr: Frau Glas ist mit ihrem Auto unterwegs nach München. Sie tankt bei Stuttgart. »Big Brother« weiß Bescheid.

16:00 Uhr: Frau Glas gönnt sich in München ein Stück Kuchen und einen Cappuccino. Alles nachvollziehbar.

19:00 Uhr: Frau Glas trifft in einem Münchner Restaurant eine Freundin und lädt sie zum Essen ein. Auch das ist nachvollziehbar.

Am nächsten Morgen zahlt Frau Glas ihr Hotelzimmer. Wo sie übernachtete und was sie dafür zahlte, lässt sich beim Einsatz von Kreditkarten oder Smartphones leicht feststellen.

Mit anderen Worten: Frau Glas ist in der Tat völlig gläsern. Hätte Sie mit Bargeld gezahlt, wären alle Transaktionen gänzlich ano-

nym abgewickelt worden. Niemand hätte feststellen können, wo und was sie einkaufte, dass sie nach München fuhr, wo sie sich mit ihrer Freundin traf und in welchem Hotel sie übernachtete.

Oft höre ich dann den Einwand: Wer nichts zu verbergen hat, braucht auch nichts zu verheimlichen. Ein etwas sonderbares Argument. Es geht doch nicht darum, ob jemand etwas zu verheimlichen hat. Vielmehr geht es schlichtweg darum, dass es Dinge gibt, die niemanden etwas angehen – am wenigsten irgendwelche schnüffelnden Behörden. Ein Geheimnis – sofern ihm keine Straftat zugrunde liegt – ist etwas Erhabenes, etwas Schützenswertes, etwas, das sich der Neugier mancher Zeitgenossen entzieht. In den Zehn Geboten steht nirgendwo: »Du sollst keine Geheimnisse haben.« Richtig ist aber auch: Dort, wo Geheimnisse vermutet werden, kommen die Schnüffler ins Spiel. Man sollte ihnen die Arbeit nicht noch dadurch erleichtern, dass man großzügig Spuren hinterlässt, indem man zum Beispiel auf den Einsatz von Bargeld verzichtet.

Die eIDAS-Verordnung

Welche Ausmaße die Neugier von staatlichen Stellen annehmen kann, beweist die europaweit gültige eIDAS-Verordnung, mit deren Einführung in Kürze zu rechnen ist. Natürlich wird auch diese Verordnung wieder als vorteilhaft für die Bürger »verkauft«. Das Akronym eIDAS steht für Electronic Identification Authentication and Trust Services. Was das – jenseits aller schönen Worte der EU-Kommission – bedeutet, beschreibt die Journalistin Jessica Horn. Hinter der neuen Verordnung stecke die Einführung eines einheitlichen Identitätsnachweises für das digitale Zeitalter. »Durch die Verpflichtung der EU-Mitgliedstaaten, eine ID-

Wallet-Software mit dem Namen European Digital Identity Wallet anzubieten, soll eine einheitliche Online- und Offline-Identifizierung innerhalb der Europäischen Union ermöglicht werden. Galt diese Regelung bisher nur für Behörden, so sollen künftig auch private Unternehmen eine Wallet-App einführen, um damit etwa die Identität ihrer Kunden zu überprüfen. Doch damit nicht genug: Plattformen wie Amazon, Facebook und Google, aber auch Banken sollen verpflichtend den Ausbau der europäischen ID-Wallet unterstützen«, schreibt Jessica Horn. Die ID-Wallet wäre zusammen mit Bargeldrestriktionen oder gar -verboten ein aus Sicht interessierter Kreise ideales System, um das Wohlverhalten der Bürger zu kontrollieren. Jessica Horn: »Kurzum ist in der ID-Wallet bereits das Herzstück des chinesischen Sozialkreditsystems implementiert.«[8]

»Du sollst keine Geheimnisse haben«

2.

PLÄDOYER FÜR UNSER BARGELD

Seit 2019 geben, wie im vorangegangenen Kapitel bereits erwähnt, die europäischen Notenbanken keine 500-Euro-Geldscheine mehr aus. Das Ende der lila Banknote war einer von vielen Schritten in Richtung Bargeldabschaffung, die in der Europäischen Union seit vielen Jahren angestrebt wird. Stets unterstützt und begleitet von den großen Medien. Über das Aus des 500-Euro-Scheins freute sich ein Experte in der *WirtschaftsWoche*:

> *»Für Geldwäscher, Betrüger und Steuerhinterzieher*
> *ist der lila Schein erste Wahl, wenn es um unsaubere*
> *Geschäfte geht. Klar, so lassen sich große Summen*
> *Bargeld auf kleinem Raum im Geldkoffer verstauen,*
> *illegal über die Grenze transportieren oder dem*
> *Autohändler offerieren.«*[9]

Das ist eines der zentralen Argumente für die Einschränkung beziehungsweise Abschaffung des Bargeldes. Oder besser, der am häufigsten vorgebrachte Vorwand, zumal Kriminelle oder Terroristen im Zeitalter der Kryptowährungen und des Darknets nicht mehr auf Bargeld angewiesen sind. Trotzdem werden stets Terroristen, Drogen- und Menschenhändler bemüht, wenn es darum geht, den nächsten Schritt in Richtung bargeldlose Gesellschaft zu setzen. Ebenfalls gern vorgebrachte Argumente sind die Kosten, die das Bargeld verursacht: Produktion, Transport, Aufbewahrung, Austausch, Sicherheitssysteme und Steuerhinterziehung. Was gerade von letztgenanntem Punkt zu halten ist, möchte ich Ihnen später anhand einer kurzen Anekdote schildern.

Bargeldgegner führen zudem ins Feld, dass elektronische Zahlungen schneller, effizienter und weniger fehleranfällig seien. Im Zuge der Coronapandemie haben viele Händler ihren Kunden aus »hygienischen Gründen« empfohlen, auf Cash zu verzichten.

Elektronische Zahlungen: schneller, effizienter und weniger fehleranfällig?

Die Schilder hängen in Geschäften und Filialen einiger Handelsketten bis heute, obwohl es nahezu ausgeschlossen ist, sich über Münzen und Geldscheine mit dem Coronavirus anzustecken. Im Laufe der Pandemie ging der Bargeldverkehr durch die Verunsicherung der Kunden vorübergehend zurück, so sehr, dass sogar Banken und Betreiber in Deutschland immer mehr Geldautomaten abbauen.[10]

Um den Bürgern die Bargeldabschaffung schmackhaft zu machen, werden sogar der Feminismus und die soziale Gerechtigkeit aufgefahren. Die Better Than Cash Alliance, der unter anderem die Bill & Melinda Gates Foundation, die Clinton Foundation, die Europäische Bank für Wiederaufbau und Entwicklung, die UNO und der Finanzdienstleister Visa angehören, wirbt für die Abschaffung des Bargeldes mit diesen Argumenten: »Shifting these payments from cash to digital has the potential to improve the lives of people on low income, particularly women.«[11] Bargeldlose

Zahlungen verbessern also das Leben von Menschen mit niedrigen Einkommen, vor allem jenes von Frauen. Auf so eine vermeintliche Logik muss man erst einmal kommen.

Und was Corona angeht: Wir wollen an dieser Stelle dieses äußerst kontrovers diskutierte Thema nicht vertiefen, aber es besteht kein Zweifel, dass das Virus in China, genauer: in der Millionenstadt Wuhan, ausgebrochen ist und sich rasend schnell verbreitete. Ausgerechnet in einem Land, in dem die Zahlung mit Bargeld weitgehend abgeschafft wurde. Tatsächlich gilt China mittlerweile als eine durch und durch bargeldlose Gesellschaft. Per Gesetz kann man im Reich der Mitte theoretisch zwar überall mit Bargeld zahlen, in der Praxis wird das allerdings immer schwieriger. Das liegt nicht zuletzt daran, dass in den Läden und Restaurants kaum Bargeld vorhanden ist. Gezahlt wird ausschließlich über die Plattformen WeChat Pay oder Alipay. Korrespondenten berichten, dass sogar Bettler mittlerweile Bargeld verschmähen und stattdessen eine Überweisung mittels QR-Code vorziehen.

Doch damit nicht genug. Kaum zu glauben, aber wahr: Rechtsbrecher müssen in China damit rechnen, dass sie mit der Sperrung ihrer Smartphones oder Debitkarten bestraft werden. Bis zu 5 Jahre kann diese Strafe andauern. So geschehen in der südchinesischen Provinz Guangdong. Die Angeklagten hätten wohl lieber in Gefängnissen für ihre Taten gebüßt oder eine hohe Geldstrafe in Kauf genommen, aber die Sperrung elektronischer Zahlungssysteme gilt in diesem Land als der »soziale Tod«[12].

In einem Land wie China, das die totale Kontrolle ihrer Bürger anstrebt, ergibt die Bargeldabschaffung Sinn. Sie ist Ausdruck eines totalitären Systems, an dem sich die Europäer gewiss kein Beispiel nehmen sollten.

Es gibt also tausend angeblich »gute« Gründe beziehungsweise Vorwände, den Menschen das Bargeld abzunehmen. In den meisten EU-Ländern gelten bereits mehr oder weniger hohe Obergrenzen bei Bargeldzahlungen. Im nächsten Kapitel erfahren Sie, welche Länder auf dem Weg in eine bargeldlose Gesellschaft am weitesten fortgeschritten sind. Doch eines schon vorab: In Schweden ist der Anteil der Menschen, die mit Scheinen und Münzen zahlen, in den vergangenen 10 Jahren von 39 auf 9 Prozent gesunken. Damit ist das Land, in dem die Bandenkriminalität inzwischen dramatische Ausmaße angenommen hat,[13] ein guter Beweis dafür, dass eine weitgehend bargeldlose Gesellschaft, entgegen der einschlägigen Propaganda von EU und EZB, keine ist, in der die Kriminalität automatisch zurückgeht.

In der Europäischen Union wird bereits über eine einheitliche Bargeldobergrenze bei finanziellen Transaktionen von 10 000 Euro diskutiert – eine Summe, mit der man gerade noch einen fahrtüchtigen Gebrauchtwagen erstehen kann. Diese Maßnahme erfolge, schreibt das Zentrum für Europäischen Verbraucherschutz, im »Rahmen des Kampfes gegen Geldwäsche und Terrorismusfinanzierung«[14]. Wie erwähnt, dürfte dies nur der Einstieg in den Ausstieg sein.

Denn: Ist diese EU-weite Obergrenze beschlossen, sind die nächsten Schritte programmiert. Das Limit wird schrittweise gesenkt, bis Scheine und Münzen nur noch für Kleinstbeträge, etwa den Kauf eines Snacks am Bahnhofskiosk, verwendet werden dürfen. Zugegeben: So extrem wird der »War on Cash« nicht überall geführt. Cash wird vermutlich nicht komplett verboten werden, aber so weit zurückgedrängt, dass es im Geschäftsleben bedeutungslos wird. Parallel dazu plant die EZB die Einführung des »digitalen Euro«. Er ist keine Kryptowährung, sondern digitales Zentralbankgeld und wird von der EZB und der EU als Alternative zum Bargeld angepriesen. Doch die Absicht hinter der Einführung des digitalen Euro ist eindeutig: Er soll mittelfristig das Bargeld komplett ersetzen, sieht man von Bagatellbeträgen ab.

Warum das Bargeldverbot von Kreisen aus der Politik und Finanzwelt vorangetrieben wird, liegt auf der Hand: Es geht darum, das Monopol zur Herausgabe des Euro-Schwundgeldes zu verteidigen und unbeschränkten Zugriff auf private Geldvermögen zu erlangen. Die durch das Bargeld noch offenen Fluchtwege sollen geschlossen werden. Es geht um die Kontrolle, Überwachung und Steuerung der Bürger.

Agustín Carstens, Chef der Bank of International Settlements (BIS), das ist die halb geheime Zentralbank der Zentralbanken, hat es auf den Punkt gebracht:

> *»Central banks will have absolute control on the rules and regulations that will determine the use [des digitalen Zentralbankgeldes] and we will have the technology to enforce that.«*[15]

Es geht also um die »totale« Kontrolle. Jede Transaktion hinterlässt in einer bargeldlosen Gesellschaft elektronische Spuren. Im ersten Kapitel dieses Buches haben wir dies in unserem fiktiven Beispiel von »Frau Glas« dargestellt. Außerdem setzt jeder digitale Zahlungsvorgang stets den Willen der Machthaber voraus, diesen auch zuzulassen. Ohne Bargeldumlauf ist es ein Leichtes, die soziale Existenz von missliebigen Menschen zu zerstören. Ein paar Mausklicks reichen, und der Betreffende kann sich weder etwas zu essen noch eine Fahrkarte kaufen. Auch Geldbußen und Strafen lassen sich einfach abbuchen.

Die Einführung des digitalen Euro soll das Ende des Bargeldzeitalters einläuten. Cash soll dann einen ähnlichen Stellenwert haben wie Pferdekutschen im modernen Verkehrswesen oder Telefonzellen im Smartphone-Zeitalter. Es gibt sie nur noch als Kuriosum und Freizeitattraktion. Ohne auf Details einzugehen, bedeutet der digitale Euro: Jeder wird gezwungen sein, ein Konto bei der EZB zu halten. Alle monetär relevanten Daten und die volle Kontrolle über die Geldvermögen sind somit in der Hand der EZB respektive der EU. »Unser vorrangiges Ziel besteht darin, Preisstabilität zu gewährleisten, also den Wert des Euro zu wahren«[16], schreibt die EZB auf ihrer Webpräsenz. Von ihrer Kernaufgabe hat sie sich aber längst verabschiedet. Sie ist in erster Linie zum Handlanger der EU-Spitze geworden. Statt die Inflation zu bekämpfen, was ihre vordringlichste Aufgabe wäre, hat sie die Finanzierung der europäischen Schuldenstaaten übernommen und Geld gedruckt, sprich: in den elektronischen Systemen erzeugt. Ich weiß nun nicht, ob Sie meine Meinung teilen; falls nicht, sehen Sie es mir bitte nach, dass ich sie dennoch dezidiert vertrete.

Mit einem Bargeldverbot und dem digitalen Euro kann die EZB unter anderem problemlos und per Knopfdruck Negativzinsen in jeder beliebigen Höhe – ganz »unbürokratisch« – durchsetzen, ohne Möglichkeit für die Bürger, sich dieser Form der Enteignung zu entziehen. Die Menschen sind dem Staat völlig ausgeliefert. Mit dem digitalen Euro könne, so der einflussreiche französische Ökonom Philippe Martin, »Helikoptergeld«, also frische Euros, schnell und leicht an die Bürger verteilt werden. Diese Gelder müssen die Bürger dann möglichst schnell in Umlauf bringen, ansonsten, so Martin, »verfällt es, beispielsweise nach einem Jahr«.[17]

In einer bargeldlosen Gesellschaft wird der Bürger zum gläsernen und steuerbaren Menschen. Jede Bewegung, sein Konsum- und

In einer bargeldlosen Gesellschaft gibt es keine Privatsphäre mehr

Freizeitverhalten, seine Vorlieben, seine politischen Ansichten, seine Sozialkontakte, selbst intimste Handlungen können erfasst, überwacht und zentral gespeichert werden. In einer bargeldlosen Gesellschaft gibt es keine Privatsphäre mehr. Das geben selbst offizielle Vertreter der EU zwischen ihren vorgeschobenen Argumenten mehr oder weniger offen zu. Peter Kerstens von der EU-Kommission sagte bei einer Presseveranstaltung über den digitalen Euro dahin gehend, dass man mit anonymen Zahlungen nicht rechnen sollte, denn die neue Ausgabeform des Euro dürfe nicht Geldwäsche oder Steuerhinterziehung ermöglichen.[18]

Zwar wird seitens der EZB auch betont, dass es Regelungen geben werde, die die Privatsphäre der Bürger sichern, doch die gelten nur so lange, bis sie gebrochen werden. Dieses Vorgehen ist bei EZB und EU zum Normalfall geworden. Zudem ist die Versuchung für Machtpolitiker, all diese Daten zu vernetzen und zu nutzen, zu groß, um es nicht zu tun. China macht es mit seinem Sozialkreditsystem bereits vor. Die Möglichkeiten, die Bürger zu überwachen, zu kontrollieren, zu erziehen und zu steuern, sind beinahe unbegrenzt. Dann weiß die staatliche Krankenversicherung, wie viel Schnaps und Bier jeder Versicherte konsumiert, und kann, wenn das wöchentlich erlaubte Limit überschritten ist, mit Warnungen aufs Smartphone, Einkaufssperren oder Beitragserhöhungen einschreiten. Wer in diesem Jahr schon seine aus Klimaschutzgründen nur zwei erlaubten Flugreisen unternommen hat, kann sich kein weiteres Flugticket mehr kaufen. Und wer sich in der Öffentlichkeit kritisch über die Regierung oder Brüssel äußert, dem können alle Konten und Einkaufsmöglichkeiten temporär oder dauerhaft gesperrt, und er selbst kann per Knopfdruck vom sozialen Leben ausgeschlossen werden. Dieser Kontrolle kann sich ohne Bargeld niemand entziehen. Was für die meisten Bürger wie eine düstere Dystopie klingt, ist für Regierungen, Politiker, die vorgeben, die Welt oder die Menschheit retten zu wollen, eine paradiesische Vorstellung. Und Gelegenheit macht bekanntlich Diebe.

Wie wir aus der Menschheitsgeschichte wissen, werden solche Kontrollinstrumente und Machtmittel immer eingesetzt, sobald sie zur Verfügung stehen, egal, was den Bürgern versprochen wurde, egal, welche Kontrollinstanzen und Gremien zum Schutz der Grundrechte eingezogen wurden. Das geschieht selbstverständlich immer zu unserem Besten. Für solche Zwangs- und Kontrollmaßnahmen gibt es immer »gute« Gründe und Argumente.

Wie groß die Versuchung schon jetzt ist, die Bürger zu durchleuchten, ohne solche weitreichenden Durchgriffsmöglichkeiten zur Verfügung zu haben, zeigt eine Studie des Freiburger Max-Planck-Instituts (MPI) zur Erforschung von Kriminalität, Sicherheit und Recht. Die Forscher haben erhoben, dass in Deutschland die Kontoabfragen von Staatsanwaltschaften, Finanz- und Polizeibehörden (exklusive Geheimdiensten) von 72 000 im Jahr 2005 auf knapp eine Million im Jahr 2018 gestiegen sind.[19] Mittlerweile wird systematisch und routinemäßig von Behörden in den Konten der Bürger geschnüffelt. Sie stehen unter Generalverdacht. Es gilt das Motto: Wer nichts zu verbergen hat, braucht solche Praktiken auch nicht zu fürchten und zu kritisieren. Der Staat will alles über seine Bürger wissen.

Deshalb arbeitet Brüssel an einem EU-weiten Vermögensregister. Eine Machbarkeitsstudie läuft bereits. Mit dieser zentralen Erfassung aller Vermögenswerte soll der EU-Bürger bis auf den letzten Cent ausgeleuchtet werden, jede Silbermünze, jede Immobilie, jeder Bitcoin, jeder Brillantring soll erfasst werden.

Das erleichtert im Fall des Falles den Zugriff auf wirklich alle Vermögenswerte der Bürger, so kann die Bevölkerung schnell und unkompliziert enteignet werden. Maßnahmen wie Bargeldeinschränkungen, digitaler Euro, Vermögensregister etc. sind in Summe ein extrem gefährliches Machtinstrument.

Deshalb ist Bargeld zentral für die Freiheit der Bürger. Münzen und Geldscheine sind gedruckte Freiheit, ein Schutzschild für unsere Bürgerrechte, sie dienen dem Schutz des Rechts auf Anonymität. Bares garantiert, dass Bürger unabhängig von staatlichen Überwachungs- und Kontrollstrukturen untereinander Transaktionen abwickeln können. Wie wichtig das sein kann, zeigte sich etwa in Argentinien zur Jahrtausendwende. Das lateinamerikanische Land schlitterte damals in die Staatspleite. Über Nacht konnten die Argentinier nicht mehr auf ihre Konten zugreifen, auch nicht auf das in Dollar scheinbar sicher angelegte Geld. Es wurde eine Obergrenze von 250 Peso pro Woche für das Abheben von Bargeld eingeführt, um den Zusammenbruch des Bankensystems zu verhindern. Die Bürger standen plötzlich ohne Geld da. Die Argentinier haben daraus gelernt. Sie bewahren stets Bargeld auf, um sich künftig vor solchen Eingriffen schützen zu können.

Auch in der EU sind die Bürger vor solchen staatlichen Zwangsmaßnahmen nicht sicher, wie das Beispiel Zypern zeigt. Im Jahr 2013 stand der EU-Inselstaat vor der Pleite. Um von Brüssel ein 5-Milliarden-Euro-Hilfspaket zu bekommen, enteignete die Regierung in Nikosia flächendeckend ihre Bürger: Von allen Guthaben auf zypriotischen Banken kassierte der Staat einmalig 6,75 Prozent bei Einlagen unter 100 000 Euro und 9,9 Prozent bei allen anderen. Wehren konnte sich dagegen niemand. Die Banken wurden geschlossen und stellten alle Transaktionen ein. Niemand kam mehr an sein Geld.

Erst nach 2 Wochen konnten die Zyprioten wieder maximal 300 Euro täglich von ihren staatlich geplünderten Konten abheben.[20] Auch hier zeigt sich, wie wichtig Bargeld ist, auf das man jederzeit zugreifen kann, das man jederzeit zur Verfügung hat. Vor allem in krisenhaften Zeiten wie diesen.

»Pragmatische« Lösungen

Wie versprochen, hier nun eine kurze Anekdote, die nachweisen soll, dass mit einem Bargeldverbot oder auch Bargeldrestriktionen Steuerhinterziehung und Geldwäsche kaum zu verhindern sind. Vor einigen Jahren galt in Italien eine Barzahlungsobergrenze von 1000 Euro, also ein sehr niedriges Limit. Christiane H., eine Soloselbstständige aus München und seit Jahren eine Kollegin von mir, machte mit ihren beiden Kindern eine Woche Urlaub auf Sardinien. Am Tag der Abreise wollte sie ihre Rechnung in Höhe von fast 1800 Euro in bar begleichen.

Doch der Herr an der Rezeption wies die Euroscheine diskret zurück. »Wir dürfen nur noch Bargeld bis 1000 Euro entgegennehmen«, erklärte er Christiane H., die zunächst etwas konsterniert reagierte. Bislang hatten kein Hotel und kein Restaurant ihr Bargeld zurückgewiesen. Der Rezeptionist raunte ihr schließlich zu: »Ich kann Ihnen natürlich eine offizielle Rechnung über 999,00 Euro ausstellen. Sie zahlen den eigentlichen Betrag von 1800 Euro – und damit ist die Sache erledigt.« Eine pragmatische Lösung, denn schließlich profitierten alle Beteiligten: Christiane H. wurde ihr Bargeld los (wobei es sich nicht um Schwarzgeld handelte), das Hotel vereinnahmte den vollen Betrag für Übernachtung und Restaurantbesuche, zahlte aber nur für 999,00 Euro Steuern. Auf diese Weise war in Nullkommanichts für das Hotel Schwarzgeld in Höhe von 801 Euro entstanden (1800 minus 999 Euro). Und weil das kein Einzelfall war, wurde das Bargeldlimit später wieder auf 2000 Euro erhöht.

Zweites Beispiel: Sicher haben Sie schon einmal von den Umsatzsteuerkarussellgeschäften gehört. Dadurch entsteht den Staaten Jahr für Jahr ein hoher Milliardenschaden. Vereinfacht ausgedrückt, handelt es sich dabei um eine beliebte Form des Umsatzsteuerbetrugs. Tätigen zwei Unternehmen, die in unterschiedlichen EU-Mitgliedstaaten ansässig sind, Geschäfte, so sind diese von der Umsatzsteuer befreit. Das Karussell funktioniert dann folgendermaßen: Das Unternehmen A aus Belgien verkauft Waren an das Unternehmen B in Deutschland. Für dieses Geschäft fällt keine Mehrwertsteuer an. Nun verkauft Unternehmen B die Ware an das Unternehmen C, ebenfalls mit Sitz in Deutschland. Eigentlich müsste B Umsatzsteuer zahlen, tut dies aber nicht, weil zum Beispiel das Unternehmen aufgelöst wird und für den Fiskus nicht mehr greifbar ist. C schickt die Waren zurück an A in Belgien und lässt sich die Umsatzsteuer erstatten.

Das Ganze funktioniert nur bei Zahlungen per Überweisung. Mit anderen Worten: Würde man das Bargeld abschaffen, wäre das Problem der Umsatzsteuerkarussellgeschäfte längst noch nicht gelöst.

Die Better than Cash Alliance

Gestatten Sie, dass ich noch einmal kurz auf das im Jahr 2012 gegründete Bündnis Better than Cash eingehe. Denn wenn Sie hinter die Kulissen dieser Organisation schauen, werden Sie sehr schnell erkennen, welch einflussreiche Kräfte den Kampf gegen das Bargeld orchestrieren und finanzieren. Es sind keineswegs nur Regierungen, Banken und ideologische Ökonomen, die sich rund um den Globus für bargeldloses Zahlen stark machen. In der Liste der Mitglieder finden sich vielmehr Organisationen der Vereinten Nationen, weltweit tätige Konzerne aus verschiedensten Branchen und einflussreiche Stiftungen. Ziel der Better than Cash Alliance ist es nach offiziellen Angaben, den Übergang zur digitalen Zahlungsweise zu beschleunigen. Zwar wird die Abschaffung des Bargeldes nicht explizit gefordert, doch schon der Name der Organisation (übersetzt: Besser-als-Bargeld-Bündnis) macht deutlich, wohin die Reise geht. Immer mehr Transaktionen sollen die Kunden digital, also ohne Bargeld, abwickeln. Dies trage zu mehr Effizienz und Transparenz bei, wird behauptet. Dabei wissen wir längst, dass Transparenz in vielen Fällen nichts anderes ist als ein Synonym für Schnüffelei.

Werfen wir nun also einen erhellenden Blick auf die Mitgliederliste der Organisation. Hier zunächst die weltweit tätigen Konzerne, allesamt mit Milliardenumsätzen:

- The Coca-Cola Company, weltweit größtes Getränke-unternehmen, **Umsatz:** 33 Milliarden US-Dollar (2020)

- Gap Inc., größter US-amerikanischer Bekleidungseinzelhändler, **Jahresumsatz:** rund 16,4 Milliarden US-Dollar (2019)

- Grupo Bimbo, einer der weltweit größten Lebens-mittelproduzenten mit Hauptsitz in Mexiko-Stadt, **Umsatz:** 11,33 Milliarden Euro (2017, aktuellere Zahlen bis Redaktionsschluss nicht verfügbar)

- H&M, Textilhandelsunternehmen mit Hauptsitz in Stockholm, **Umsatz:** 17,9 Milliarden Euro (2021)

- Inditex, größtes Textilunternehmen der Welt mit Hauptsitz in Spanien, **Umsatz:** 20,4 Milliarden Euro (2020)

- Marks & Spencer, britisches Einzelhandelsunter-nehmen, **Umsatz:** 9,155 Milliarden Britische Pfund (2021)

- PVH, US-amerikanischer Bekleidungskonzern mit Haupt-sitz in New York, **Umsatz:** 8,44 Milliarden US-Dollar (2018)

- Target, einer der größten Einzelhändler in den USA mit Hauptsitz in Minneapolis, **Umsatz:** 75,36 Milliarden US-Dollar (2019)

- Unilever, global einer der größten Hersteller von Ver-brauchsgütern mit Hauptsitz in London, zum Konzern ge-hören so bekannte Marken wie Knorr, Langnese, Pfanni, Rexona, Omo und Axa. Umsatz: 52,44 Milliarden Euro (2021)

Zur Organisation Better than Cash gehören darüber hinaus die Stiftung des früheren Präsidenten Clinton (Clinton Foundation), die Ernährungs- und Landwirtschaftsorganisation der Vereinten Nationen (FAO), UNICEF, der Hohe Flüchtlingskommissar der Vereinten Nationen sowie (interessant!) das World Savings Institute, ein internationaler Verband mit Sitz in Brüssel, der die Interessen der Sparkassen und anderer Privatkundenbanken (Retailbanking) vertritt. Bemerkenswert ist ferner die Mitgliedschaft der Catholic Relief Services – eine katholische humanitäre Organisation in den Vereinigten Staaten. Die Bemerkung sei an dieser Stelle gestattet: Hat die katholische Kirche schon die Zeiten vergessen, in denen der Klingelbeutel während des Gottesdienstes umging? Ohne Bargeld hätte es damals nicht geklingelt. Aber auch dafür haben manche Gemeinden schon eine Lösung gefunden (siehe Bargeldanekdote Nummer 1 in diesem Buch).

Hinzu kommen Länder von A (wie Afghanistan) bis V (wie Vietnam). Nur die wenigsten von ihnen sind, wie es Ex-Kanzler Gerhard Schröder formulieren würde, »lupenreine Demokratien«. Übrigens, auch die Bundesregierung unterstützte in den vergangenen Jahren die Organisation Better than Cash finanziell.

Was die Bewertung dieser Allianz angeht, so ist dem bekannten Wirtschaftsjournalisten Norbert Häring wohl in vollem Umfang zuzustimmen, wenn er schreibt, die Allianz diene vor allem den geschäftlichen Interessen großer Unternehmen aus der Finanz- und der IT-Branche. Überdies kritisiert Häring: Digitale Bezahlverfahren würden »als einer der Haupttreiber für die Einführung und Ausweitung biometrischer Identifizierung im Alter genutzt – durch Fingerabdrücke, Gesichtserkennung und künftig vielleicht sogar DNA«[21].

Verglichen mit dieser Finanz- und Marktmacht scheinen die Verbraucher, die nach wie vor die Barzahlung vorziehen, eher in einer schlechten Position zu sein. Doch dies trifft nur auf den ersten Blick zu. Schließlich sind wir als Konsumentinnen und Konsumenten doch in einer Situation, die es uns erlaubt, unsere Präferenzen bei der Bezahlung unserer Rechnung durchzusetzen. Wir sind die Käufer, wir zahlen. Und deshalb sollten wir unsere Macht als Verbraucher auch durchsetzen. Am Ende dieses Buches kommen wir noch einmal ausführlich auf die Frage zurück, wie Sie sich als Bürger, Verbraucher und – nicht zuletzt – auch als Wähler gegen den schleichenden Entzug unseres Bargeldes wehren können.

Transparenz ist in vielen Fällen nichts anderes als ein Synonym für Schnüffelei

3.

DIE BARGELD- ENTZUGS- STRATEGIEN

Tatsächlich gibt es mehrere Möglichkeiten zum Entzug des Bargeldes. Viele davon wurden schon in die Praxis umgesetzt. Denkbar sind folgende vier Szenarien:

Der schleichende Bargeldentzug

Regierungen und Notenbanken wählen in diesem Fall den »sanften« Weg, um den Unmut der Bevölkerung in Grenzen zu halten. Ähnlich wie anfangs in Schweden, werden zahlreiche PR-Aktionen gestartet, um einerseits Bargeld madig zu machen (»Nur Verbrecher und alte Leute brauchen heute noch Bargeld«) und andererseits digitale Zahlungssysteme als smart und sicher darzustellen. Wer sich gegen eine bargeldlose Gesellschaft engagiert, muss sich vorwerfen lassen, indirekt Steuerhinterzieher und andere Wirtschaftskriminelle zu unterstützen (oder gar am Ende ein »Rechter« oder ein »Reichsbürger« zu sein). Die Befürworter der bargeldlosen Gesellschaft hingegen rücken in die Sphären der Gutmenschen auf.

Wie eine solche Strategie aussehen könnte (und wie man sich dagegen wehren kann), zeigt ein schon mehrere Jahre zurückliegendes Beispiel aus Großbritannien (damals noch Mitglied der EU). Seinerzeit weigerten sich Mitarbeiter der HSBC-Bank, am Schalter hohe Beträge in bar auszuzahlen, wenn der Kunde keinen Beleg über den Verwendungszweck vorlegen konnte. Betroffen waren Geldbeträge zwischen 5000 und 10 000 Pfund. Die Bankkunden reagierten heftig und sprachen von »Unverschämtheit« und »Willkür«. Um die Wogen zu glätten, entschuldigte sich die Bank anschließend bei ihren Kunden.

Und die Situation in Deutschland? Hier dürfen Sie sogar nur noch maximal 10 000 Euro pro Person auf ein Bankkonto einzahlen, ohne einen Nachweis der Herkunft des Geldes (Mittelherkunft) erbringen zu müssen. Bankkunden, die im Hinblick auf die Herkunft ihres Geldes keine Belege vorlegen möchten, können keine Bargeldeinzahlungen auf ihr Konto mehr vornehmen. Tatsächlich ist es sogar denkbar, dass die Bank eine Sperrung oder gar Kündigung des Girokontos vornimmt. Der Bankkunde muss damit rechnen, dass sich die Ermittlungsbehörden einschalten, die von ihm eine Erklärung hinsichtlich der Herkunft des Geldes verlangen.

Damit nicht genug. Wer bei einer anderen Bank ein Girokonto eröffnet und dort sein Bargeld einzahlen möchte, muss als »Nicht-Bestandskunde« sogar eine Obergrenze von 2500 Euro akzeptieren. Anwälte raten inzwischen davon ab, ohne Nachweise höhere Geldbeträge auf das Girokonto einzuzahlen. Dies könnte zu einem Verdachtsmoment gegen den Einzahler führen und erhebliche Konsequenzen nach sich ziehen.

Die amerikanische Lösung

Wer häufiger in die USA reist und neben Kreditkarten sowie digitalen Zahlungsmitteln auch Bargeld in der Tasche haben möchte, kennt das Problem nur allzu gut: Die größte Banknote ist der 100-Dollar-Schein. Als die US-Notenbank (Fed) gegründet wurde, entsprachen 100 Dollar der aktuellen Kaufkraft von rund 2500 Dollar.[22] Heute indessen kommt man mit 100 Dollar nicht mehr allzu weit.

Wussten Sie, dass es früher auch Banknoten für die Beträge von 500, 1000, 5000, 10 000 und sogar 100 000 US-Dollar gab? Diese werden seit 1946 nicht mehr gedruckt und im allgemeinen Zahlungsverkehr seit 1969 nicht mehr eingesetzt. Offiziell sind diese Geldscheine aber immer noch gültig. Für den eher unwahrscheinlichen Fall, dass Sie jemals an eine solche Banknote kommen: Geben Sie sie niemals aus, denn inzwischen ist der Sammlerwert weitaus höher als der Nominalwert. Numismatikexperten schätzen, dass man heute zum Beispiel für einen sehr einfachen 10 000-Dollar-Schein etwa das Fünffache zahlen muss.

Die Rückführung der hohen Dollarnoten hatte seinerzeit der damalige US-Präsident Richard Nixon veranlasst – angeblich, um damit Kriminellen das Handwerk zu legen. (Wie sich die Argumente selbst nach vielen Jahrzehnten doch gleichen!) Tatsächlich handelt es sich um eine zwar einfache, gleichwohl aber probate Methode, den Menschen mittelfristig den Einsatz von Bargeld abzugewöhnen – man nimmt ihnen nur die größeren Banknoten. Ein Auto für 30 000 US-Dollar zu erstehen wird dann für einen Barzahler schon eher umständlich.

In der EU erlebten wir vor einigen Jahren schon einmal den Beginn einer ähnlichen Methode: Der 500-Euro-Schein wurde – wie erwähnt – sukzessive aus dem Verkehr gezogen.

Bargeldrestriktionen

Dieser Strategie bedient man sich vor allem in Europa. Die Regierung verabschiedet ein Gesetz, in dem eine Barzahlungsobergrenze festgelegt ist, also zum Beispiel 1000, 3000, 5000 oder 10 000 Euro. Wie an anderer Stelle bereits erwähnt, handelt es sich hierbei um den Einstieg in den Ausstieg. Die Bürger sollen vom Bargeld entwöhnt werden. Die Transaktion größerer Summen ist somit nur noch bargeldlos möglich und kann von interessierter Seite aus verfolgt werden. Der anonyme Kauf eines Gebrauchtwagens oder einer Luxusuhr ist – je nach Höhe der Bargeldobergrenze – dann nicht mehr möglich. Die meisten Bürger können bei dieser Strategie ihre Brötchen beim Bäcker, kleinere Einkäufe im Supermarkt und die Rechnung an der Tankstelle auf Wunsch nach wie vor in bar bezahlen. Im Alltag würden die Bürger zunächst vermutlich gar nicht mitbekommen, dass man ihnen weiterhin das Bargeld entzieht. Schließlich kauft man nicht ständig Gebrauchtwagen, kostbaren Schmuck oder Uhren. Außerdem ist wohl davon auszugehen, dass eine – wenn auch vielleicht knappe – Mehrheit der Bürger aufgrund der einschlägigen Propaganda der Mainstream-Medien Bargeldrestriktionen sogar begrüßen würde, geht es doch angeblich darum, Steuerhinterziehung und Geldwäsche zu unterbinden. »Nur die Mafia braucht Bargeld« – solchen und anderen eingängigen Slogans dürften viele auf den Leim gehen. Anders ausgedrückt: Man sagt Geldwäsche, meint aber Gehirnwäsche.

Bargeldrestriktionen werden meist flankiert von Bargeldverboten. So dürften bestimmte Läden oder Restaurants, deren Inhaber sich für besonders fortschrittlich (oder »woke«) halten, die Annahme von Bargeld verweigern. Grundsätzlich ist das schon heute möglich, allerdings müssen die Kunden beziehungsweise Gäste klar erkennbar darauf hingewiesen werden – und zwar bevor sie an der Ladenkasse stehen oder in einem Restaurant eine Bestellung aufgegeben haben. Insofern weist die oft zitierte Bargeldannahmepflicht bereits Ausnahmen auf.

Grundsätzlich sind in Deutschland und Österreich auf Euro lautende Münzen und Scheine gesetzliche Zahlungsmittel. Jedermann ist nach Angaben der Deutschen Bundesbank angehalten, Zahlungen mit Euro-Banknoten oder -Münzen als ordnungsgemäße Erfüllung einer Verbindlichkeit zu akzeptieren.[23]

Jedoch gibt es Ausnahmen: Die erste ergibt sich aus § 3 Abs. 1 Satz 2 des Münzgesetzes. Demnach ist weder ein Laden noch ein Lokal verpflichtet, mehr als 50 Münzen anzunehmen oder die Bezahlung von Einkäufen über eine Gesamtsumme von 200 Euro hinaus in Cent- oder Euro-Stücken zuzulassen.

Die zweite Ausnahme fußt auf der Vertragsfreiheit zwischen Händlern und Kunden. Ein Händler kann mit seinen Kunden bestimmte Zahlungsoptionen vereinbaren, mithin auch die Annahme von Bargeld ablehnen. Geregelt ist dies im Bundesbankgesetz (§ 14 Abs. 1 Satz 2). Das heißt im Klartext: Schon heute können Restaurants und Läden die Annahme von Bargeld komplett ablehnen, sofern sie klar und deutlich darauf hinweisen.

Sicher erinnern sich die meisten noch an die Coronamonate, als die Kunden gebeten wurden, »nach Möglichkeit« nicht in bar zu bezahlen. Trotzdem wurde die Annahme von Bargeld nicht zurückgewiesen, denn jeder Ladeninhaber wusste, dass in diesem Fall der Kunde das Geschäft eines Mitbewerbers aufsuchen würde. Und solange es noch keine einheitliche und verbindliche Linie gibt, möchte natürlich niemand auf Umsatz verzichten – ganz gleich, ob bar oder unbar.

Bargeldverbot

Die radikalste Strategie. Länder wie Schweden, Südkorea oder China sind schon sehr nahe an dieser Lösung. Zwar gibt es dort nach wie vor Geldscheine, insofern kann man offiziell noch nicht von einem Bargeldverbot sprechen, doch was bringt es einem Bürger, wenn er Bargeld in seinem Portemonnaie hat, damit aber kaum noch zahlen kann. Dann handelt es sich zwar (noch) nicht um ein Bargeldverbot, faktisch aber um ein Bargeldzahlungsverbot. In welchem Land die fragwürdige Vision einer bargeldlosen Gesellschaft zuerst Realität werden könnte, bleibt abzuwarten. Viele Analysten und Beobachter vor Ort tippen auf Schweden.

Für ein komplettes Bargeldverbot plädierte unter anderem der frühere US-amerikanische Finanzminister Larry Summers. Der Staat solle das Bargeld ganz abschaffen, sagt er. Denn wie anders könnten die Staaten reagieren, wenn die Zinsen negativ würden und die Leute lieber Geld horteten, statt es zur Bank zu bringen? Larry Summers hat damit schon vor einigen Jahren die Katze aus dem Sack gelassen und damit endgültig den aus den USA gesteuerten War on Cash, also den Krieg gegen das Bargeld, ausgerufen.

In den USA sei die Bargeldnutzung inzwischen unter 20 Prozent der Transaktionen gesunken, nur 7 Prozent laufen über direkte Banküberweisungen und nur 5 Prozent über sonstige Zahlungsoptionen, schreibt Malcolm Harris in seinem im Sommer 2022 erschienenen Beitrag »The War on Cash«[24]. Und weiter: »Mit jedem Tag nähern wir uns der mythischen bargeldlosen Gesellschaft, ein Übergang, der großartig ist für die Unternehmen, die das digitale Geldsystem verwalten, aber nicht unbedingt wunderbar für den Rest von uns [...] In seinem Buch *Cloudmoney: Cash, Cards, Crypto, and the War of Our Wallets* möchte der Journalist und ehemalige Derivate-Broker Brett Scott den Leser davon überzeugen, dass für uns alle beim Krieg gegen das Bargeld etwas auf dem Spiel steht.« Bleibt zu hoffen, dass ihm dies zumindest bei seinen Landsleuten gelingt.

Der frühere US-amerikanische Finanzminister Larry Summers plädierte für ein komplettes Bargeldverbot

Die größten Profiteure
einer bargeldlosen Gesellschaft

1. **Die Zentralbanken:** In einer bargeldlosen Gesellschaft lassen sich Null- oder sogar Strafzinsen einfacher durchsetzen. Die Bürger haben keine Möglichkeit, ihr Geld vom Konto abzuheben, einfach weil es kein Bargeld mehr gibt (oder allenfalls in geringen Summen).

2. **Die Staaten:** Die Regierungen können das Verhalten der Menschen wesentlich besser kontrollieren. Wer gibt für was Geld aus? Wie ist das Konsumverhalten? Welche Medikamente kauft der Betreffende? Welche Bücher und Zeitschriften liest er? Kauft er Gold oder andere Edelmetalle usw.?

3. **Die Banken:** Sie sparen Geld, brauchen keine Geldausgabeautomaten zu unterhalten und kein Bargeld mehr bereitzuhalten. Außerdem: Digitales Geld auf den Konten erleichtert es, Gebühren durchzusetzen. Der Kunde ist gleichsam ein digitaler Kontosklave. Und wenn die Bank einmal in Schieflage gerät, muss sie keinen Bankenrun befürchten, denn wenn es kein Bargeld mehr gibt, brauchen die Kunden auch nicht mehr zu rennen ...

4. **Direktbanken und FinTech:** Beide Geschäftsmodelle leben wirtschaftlich von einer bargeldlosen Gesellschaft.

5. **Unternehmen und Marketingagenturen:** Beim bargeldlosen Zahlen werden alle Transaktionen umfasst. Das Konsumverhalten der Bürger wird »gläsern«. Es wird leicht nachvollziehbar, wofür Sie Geld ausgeben. Das macht es möglich, noch gezielteres Marketing durchzusetzen. Die dabei gewonnenen Erkenntnisse könnten auch andere interessieren. Wenn Sie sich zum Beispiel jeden Abend ein Fläschchen Wein gönnen, könnte diese Information für Ihre Krankenversicherung relevant sein. Konsequent zu Ende gedacht, wäre folgendes, gewiss recht lukrative Geschäftsmodell denkbar: Eine Agentur sammelt und verkauft die Daten eines Kunden. Der Datenkäufer weiß also etwa, wer sich ungesund ernährt, trinkt oder raucht (wichtig für Versicherungen). Sie zahlen Miete? Dann wird Ihnen Ihre Hausbank möglicherweise bald ein Finanzierungsangebot für eine eigene Immobilie ins Haus schicken. Sie werden oft von Politessen wegen Falschparkens bestraft und zahlen per Karte oder Handy? Vielleicht wird man Ihnen irgendwann einen kostenpflichtigen »Auffrischungskurs« beim TÜV empfehlen? Wie gesagt, alles nur rein hypothetische Annahmen. Ausschließen sollte man das allerdings nie. Viele von uns haben keinerlei Vorstellungen davon, wie weit die Schnüffelgier jener geht, die damit viel Geld verdienen.

6. **Behörden:** Steuerfahndungen etc. wären künftig noch einfacher, ebenso Betriebsprüfungen (Außenprüfungen) in Unternehmen und bei Freiberuflern.

4.

EINE KLEINE REISE DURCH DIE BARGELDLOSE WELT

Verglichen mit anderen Staaten innerhalb und außerhalb Europas spielt das Bargeld in Deutschland (noch) eine wichtige Rolle. Aber auch hier ist eine klare Tendenz erkennbar. Sie geht in Richtung Bargeldrestriktionen. Wenn eine Ministerin wie Nancy Faeser (SPD) in einer großen deutschen Boulevardzeitung für eine Barzahlungsobergrenze von 10 000 Euro plädiert, dann darf man wohl getrost davon ausgehen, dass ein solcher Vorstoß in der Bundesregierung auf breite Zustimmung stößt, auch wenn sich längst nicht jeder Minister – nicht zuletzt aus wahltaktischen Gründen – explizit für einen solchen bei vielen Bürgern unpopulären Schritt ausspricht. Mitunter drängt sich der Eindruck auf, Deutschland nähere sich gleichsam in Trippelschritten einem Bargeldverbot. In vielen Fällen bleiben die einzelnen Schritte bei den meisten Bürgern sogar unbemerkt, weil nur wenige davon tangiert werden.

Zum 1. Januar 2023 etwa trat das neue Sanktionsdurchsetzungsgesetz II in Kraft. Auch dies wiederum ein Meisterwerk der politischen Camouflage. »Auf den ersten Blick scheint es ein weiteres Gesetz zur Durchsetzung der EU-Sanktionen zu sein. Jedoch steckt in diesem Gesetz auch ein weiterer Schritt zur Abschaffung des Bargeldes«, schreibt die Anwältin und Steuerexpertin Patricia Lederer.[25] Seither dürfen in Deutschland Immobiliengeschäfte nicht mehr mit Bargeld, Gold oder Kryptowährungen abgewickelt werden. Kaufverträge, in denen zum Beispiel eine Barzahlung vorgesehen ist, dürfen von den Notaren seit Anfang 2023 nicht mehr beurkundet werden. »Das Gesetz ist ein Meilenstein auf dem Weg zur Abschaffung des Bargeldes und zur maximalen Steuertransparenz«, schreibt die Juristin. Bereits jetzt sei Bargeld mit einem zweifelhaften Ruf ausgestattet. So ließen sich Handwerkerrechnungen nur dann steuerlich absetzen, wenn sie nicht bar bezahlt wurden. »Bargeldintensive Betriebe wie Gaststätten, Imbisse, Autowerkstätten, Friseure und viele andere stehen bereits seit langem unter Generalverdacht beim Finanzamt«, schreibt Lederer.

Auch Deutschland ist also alles andere als eines der letzten Bargeldrefugien. Und es steht zu befürchten, dass in den nächsten Jahren weitere Schritte zur Zurückdrängung des Bargeldes bis hin zum finalen Ziel eines Bargeldverbotes erfolgen werden. Aber wie sieht es in anderen Staaten innerhalb und außerhalb Europas aus? Hier eine kleine »Weltreise«. Beginnen wir im hohen Norden Europas.

Schweden

Schon sehr bald könnte Schweden den zweifelhaften Ruf genießen, Europas erste wirklich bargeldlose Gesellschaft zu sein. Angeblich nutzt inzwischen jeder vierte Einwohner lediglich einmal pro Woche Münzen oder Scheine. Nur etwa ein Drittel der Bankfilialen zahlt Bargeld aus, insgesamt beruht eben gerade noch 1 Prozent der Wirtschaftsleistung auf Barem. Bis zum Jahr 2030, so ist zu hören, könnte das Bargeld in Schweden komplett abgeschafft sein. Schon heute verdienen die führenden Banken des Landes recht ordentlich am bargeldlosen Geschäft. Sie stehen hinter der im Jahr 2017 auf den Markt gekommenen App Swish. Mehr als 50 Prozent der Schweden zahlen inzwischen mit dieser App – gerade auch in Restaurants, im Café und im Einzelhandel. Sogar das Auswärtige Amt warnt in seinen Reisehinweisen im Internet:

»In Schweden werden auch Kleinstbeträge mit EC- oder Kreditkarte gezahlt. Viele Geschäfte, insbesondere kleinere, nehmen mittlerweile gar kein Bargeld mehr an. Auch *an Parkautomaten und im öffentlichen Nahverkehr wird regelmäßig keine Barzahlung akzeptiert. Die Mitnahme einer üblichen Kredit- oder Bankkarte wird empfohlen.«*

Finnland

Auch Schwedens nordischer Nachbar könnte in ein paar Jahren weitgehend bargeldlos sein. Bei der Häufigkeit der Kartennutzung liegt Finnland in Europa auf Platz 2 hinter Irland. Dabei gibt es kaum nennenswerte Unterschiede zwischen städtischen und ländlichen Regionen. Von Regierungsseite werden die Maßnahmen zur vollen Digitalisierung der Ökonomie und damit auch der Bargeldabschaffung zwar forciert, jedoch nicht in so aggressiver Weise wie in Schweden.

Dänemark

Deutschlands Nachbar im Norden gilt als einer der Vorreiter in der EU bei der Forcierung des bargeldlosen Zahlungsverkehrs. Mittlerweile, so die Erkenntnis der dänischen Nationalbank, wird im Land nur noch jede vierte Transaktion mit Münzen und Scheinen abgewickelt. Schon seit 2015 müssen kleinere Läden, Tankstellen und Restaurants kein Bargeld mehr akzeptieren. Angeblich sollen dadurch die Geschäftsleute entlastet werden.

Großbritannien

Nur China übertrifft Großbritannien bei den Umsätzen im bargeldlosen E-Commerce. Auch in kleineren Shops wird die Zahlung per Smartphone und Karte akzeptiert. Als wichtiger Beschleuniger auf dem Weg in eine bargeldlose Gesellschaft erweist sich vor allem die Tech-Szene, die zu den Gewinnern dieser Entwicklung gehört.

Italien

Die Bargeldstrategien der verschiedenen italienischen Regierungen glichen bislang der Echternacher Springprozession (zwei Schritte vor, einer zurück). Unter der Ägide des umstrittenen und politisch letztlich gescheiterten Ministerpräsidenten Mario Monti wurde zum Entsetzen seiner Landsleute zunächst ein Cash-Limit von 1000 Euro eingeführt. Als sich dann allerdings herausstellte, dass diese Maßnahme die Steuerhinterziehung im Lande nicht eindämmte, sondern ihr sogar weiter Vorschub leistete, wurde die Barzahlungsobergrenze auf 2000 Euro erhöht.

Im Herbst 2022 übernahm dann Ministerpräsidentin Giorgia Meloni von der Fratelli d'Italia die Regierungsgeschäfte. Während des Wahlkampfs hatte die Politikerin auf ihrer Facebook-Seite geschrieben:

> *»Sie wollen das elektronische Geld fördern, um die Italiener zu kontrollieren und um den Banken einen weiteren Gefallen zu tun.«*[26]

Nach dem Amtsantritt der neuen Regierung war zunächst eine Erhöhung der Bargeldobergrenze auf 10 000 Euro im Gespräch. Dafür hatte Melonis Koalitionspartner Matteo Salvini plädiert. Aufgrund massiven Drucks aus Brüssel (manche sprechen von »politischer Erpressung«) wurde die Barzahlungsobergrenze zum 1. Januar 2023 auf 5000 Euro angehoben. Bis 2026 erwartet Italien rund 200 Milliarden Euro aus dem EU-Rettungsfonds für die Zeit nach der Coronapandemie. Melonis Vorgänger, Ex-EZB-Chef Draghi, hatte eine Reihe von Bedingungen akzeptiert, unter anderem die Einführung von Strafen für Einzelhändler, die Kartenzahlungen bei kleineren Rechnungsbeträgen verweigern. Keine Frage: 200 Milliarden Euro sind ein gewaltiges Druckmittel aus Brüssel, welches schließlich dazu führte, dass die neue Regierungschefin Kompromisse akzeptieren musste.

China

Wie bereits erwähnt, spielt Bargeld im Reich der Mitte kaum noch eine Rolle – zumindest auf den ersten Blick. Die rasche Einführung mobiler Zahlungssysteme hatte im Veränderungsprozess des Landes hohe Priorität. Zur bargeldlosen Zahlung per Smartphone wird in den meisten Fällen ein QR-Code gescannt.

Wer in den chinesischen Großstädten mit Bargeld unterwegs ist, hat in der Regel schlechte Karten. In der Vergangenheit sorgte darüber hinaus eine landesweit aktive Lebensmittelkette für Aufmerksamkeit, da sie Barzahlungen verweigerte.

Wahr ist aber auch: Im Jahr 2019 verzeichnete China noch einen Rekord von geschätzten 80 Milliarden (!) Bargeldtransaktionen. In einem Riesenland mit einer immensen Bevölkerung ist die Durchdringung und Akzeptanz bargeldloser Zahlungssysteme selbst für eine autoritäre Staatsführung ungleich schwieriger durchzusetzen als in kleineren Staaten mit vergleichsweise wenigen Einwohnern, wie beispielsweise Schweden und Finnland.

Südkorea

Wenn es um die bargeldlose Zukunft geht, ist in Asien meist von China die Rede. Dabei verläuft diese Entwicklung in Südkorea noch dynamischer. Mit rund 6 Prozent des Bruttosozialprodukts über E-Commerce-Ausgaben und einer rasant ansteigenden Zahl von bargeldlosen Transaktionen dürfte Südkorea im Jahr 2022 eines der drei führenden Bargeldlos-Länder sein. Mehr als jede zweite der 1600 Bankfilialen im Land akzeptiert mittlerweile keine Bargeldeinzahlungen oder -auszahlungen mehr, und eine große Zahl von staatlichen Institutionen arbeitet schon völlig bargeldlos. Schöne, neue, transparente Welt?, wie manche jubeln. Wir erlauben uns, ein Fragezeichen anzufügen.

Australien

In »Down Under« hat das Tempo hin zur bargeldlosen Gesellschaft in den vergangenen Jahren deutlich zugelegt. Inzwischen besitzen immer mehr Australier Smartphones, mit denen sie in den Geschäften bargeldlos zahlen können. Das Land ist in Sachen bargeldlose Zahlungen zwar noch deutlich hinter China und Südkorea zurückgeblieben, doch seit 2021 entwickelt sich der Trend dynamisch. Auch in Australien wird Bargeld offenkundig mehr und mehr in den Hintergrund gedrängt.

Brasilien

Auch in diesem lateinamerikanischen Staat macht mancher Händler große Augen, wenn man mit Bargeld zahlen möchte. »Hast du kein PIX?«, lautet dann oft die verständnislose Frage. PIX ist ein digitales Zahlungssystem, das die Banco Central do Brasil im Jahr 2020 einführte. Mit dem PIX-System kann man in Echtzeit digitale Überweisungen mit einer elektronischen Geldbörse tätigen.

Aktuell bereitet die brasilianische Zentralbank den digitalen Real vor, die künftige offizielle Währung Brasiliens. Ein Pilotprojekt soll schon im Jahr 2024 gestartet werden. Und warum will man den Bürgern die Geldscheine abnehmen? Die Begründungen sind in Südamerika dieselben wie in den USA, Europa und Asien. Mit dem Digitalgeld sollen die Kosten für die Banken reduziert und die Verbraucher in den neuen Finanzmarkt einbezogen werden. Argument 1 (Banken) ist sicher nachvollziehbar, Argument 2 (Verbraucher) ist eine politische Nebelkerze, denn der Finanzmarkt wird für die Bürger nicht transparenter, indem man Bargeld abschafft und durch Digitalgeld ersetzt. Transparent ist dieser Prozess – wie überall – nur für jene, die, aus welchen Gründen auch immer, ihre Bürger kontrollieren wollen.

Diese kleine und nicht repräsentative »Weltreise« macht deutlich: *Der War on Cash*, also der Krieg gegen das Bargeld, ist in vollem Gange. Davor die Augen zu verschließen und sich in einem »Bargeld-Dorado« zu wähnen wäre ein gefährlicher (Alb-)Traum.

Die führenden Staaten auf dem Weg in eine bargeldlose Gesellschaft[27]

• Finnland • Schweden • China •
• Südkorea • Großbritannien • Australien •

5.

WOMIT WIR MORGEN ZAHLEN (SOLLEN)

Fortschritt oder Dystopie?
Kassenlose Supermärkte

Daniela Hermann (49) werden Sie nicht kennen. Frau Hermann arbeitet schon seit vielen Jahren als Chefkassiererin in einem Supermarkt bei mir gleich um die Ecke. Inzwischen ist sie zur stellvertretenden Filialleiterin aufgestiegen. Und das zu Recht. Denn Frau Hermann kennt ihren Laden nicht nur in- und auswendig, sie überzeugt ihre Kunden (und zwar nicht nur die männlichen) mit Charme und ausgesuchter Höflichkeit. Und im Gegensatz zu manchen ihrer jungen Kolleginnen ist sie auch im Kopfrechnen fit. Manche sagen, ich würde diesen Supermarkt nur wegen Frau Hermann aufsuchen. Vermutlich liegen sie mit dieser Einschätzung gar nicht so verkehrt.

Warum erzähle ich Ihnen diese ganz persönliche Geschichte? Ich erzähle sie, weil es in einer bargeldlosen Gesellschaft Frau Hermann und all die anderen freundlichen Kassiererinnen (um die unfreundlichen ist es nicht schade) schon bald nicht mehr geben könnte. Denn der kassenlose Supermarkt ist schon längst keine Utopie mehr, sondern für manche Realität gewordene Dystopie. Meine Kollegin Jessica Horn hat bereits in eine Welt geschaut, in der Kassen und nette Kassiererinnen bald der Vergangenheit angehören könnten.

Die Idee eines Supermarktes ohne Kassen ist keineswegs neu. Bereits Ende 2016 hat Amazon in Seattle seinen ersten eigenen Supermarkt eröffnet, der ganz ohne Kassen auskommt. Mitte 2022 brachte Aldi dieses Konzept zunächst als hybride Lösung in den Londoner Stadtteil Greenwich und einige Monate später nach Utrecht in die Niederlande. In Deutschland eröffnete Mitte

Dezember 2022 der erste autonome REWE Pick&Go-Markt, in dem man künftig statt mit dem benötigten Kleingeld nur noch mit dem Smartphone shoppen geht. Ein weiterer Schritt hin zum digitalen Zentralbankgeld und zur Abschaffung des Bargeldes?

Der futuristische Supermarkt versprüht durch seine Ein- und Auscheck-Counter Flughafenflair. Doch bevor man überhaupt in den Genuss des neuen Einkaufserlebnisses kommen darf, muss man sich auf seinem Smartphone zunächst eine App herunterladen und ein Konto mit der gewünschten Zahlungsart erstellen. Vor dem Betreten des Ladens heißt es dann, den QR-Code der App vor einen Scanner zu halten, woraufhin sich die Pforten wie von Zauberhand öffnen. Alles andere erledigen anschließend intelligente Kameras, Gewichtssensoren in den Regalböden und weitere Hightech-Bausteine wie Server, Switches und Highspeed-Netzwerkkabel, wie die REWE Group auf ihrer Website verkündet. Hierbei heißt es ausdrücklich, dass biometrische Daten zwar nicht gespeichert werden, jedoch jede Armbewegung beim Griff ins Regal als Aktion erkannt und bewertet wird, um die genaue Menge der aus dem Regal entnommenen Produkte zu registrieren.

Wie dieses System im Falle eines Blackouts oder eines Brownouts genutzt werden soll, bleibt unklar. Aber zunächst einmal stehen wohl sowieso die Vorteile im Fokus, um der breiten Masse dieses digitale Einkaufserlebnis schmackhaft zu machen. Demnach kann der Kunde ohne lästige Warteschlangen oder ein umständliches Einscannen der Artikel, wie dies bislang bei IKEA oder auch den hybriden Pick&Go-Supermärkten von REWE, Aldi und neuerdings auch Netto möglich war, in dem ersten vollautonomen REWE Pick & Go-Markt in München seinen Einkauf ganz ohne Kassenvorgang erledigen. Die Einkaufsrechnung kommt praktischerweise kurze Zeit später über die App. Hier können auch innerhalb von 24 Stunden etwaige Reklamationen vorgenommen werden.

Nach einer hybriden Testphase in Köln und Berlin konnte REWE für die medienwirksame Einweihung seines vollautonomen Ladens in München als ersten Kunden den stellvertretenden bayerischen Ministerpräsidenten und Wirtschaftsminister Hubert Aiwanger gewinnen. Dieser zeigt sich von dem innovativen Konzept überzeugt, da es verdeutliche, »wie Digitalisierung im Alltag konkreten Mehrwert für die Kunden erzeugen kann«. Derselbe Hubert Aiwanger sprach sich übrigens dezidiert gegen die Einführung von Bargeldobergrenzen als Vorstufe von Bargeldverboten aus.

Anders sahen das hingegen die Kunden in London. »Das ist furchtbar. Es ist beängstigend dystopisch. Unsere Freiheiten sind weg«, kommentierte ein Leser einen Artikel der *Daily Mail*, der über die Eröffnung des ersten kassenlosen Aldi-Ladens in Greenwich berichtete. Ein anderer Kunde warnte hingegen: »Dies ist der Beginn eines weltweiten Gesichtserkennungssystems, das in Teilen Chinas bereits eingesetzt wird.« Tatsächlich verwenden die Pick & Go-Supermärkte in Deutschland nach eigenen Angaben weder Technologien zur Gesichtserkennung noch könne das System den Kunden nach einem Einkauf wiedererkennen. Allerdings bedarf es zur Einsetzung der Gesichtserkennung wohl nur noch eines Knopfdrucks sowie einer dehnbaren Auslegung der Datenschutzgrundverordnung (DSGVO). Laut Artikel 9 Absatz 2 der DSGVO heißt es hierzu, dass biometrische Daten wie

Gesichtsbilder erhoben und verarbeitet werden dürfen, wenn 1. der Betroffene in die Verarbeitung zu einem festgelegten Zweck ausdrücklich eingewilligt hat und 2. deren Verarbeitung erforderlich ist, um bestimmte Rechte und Pflichten wahrzunehmen. Jene Rechte und Pflichten erwachsen dabei aus dem Recht sozialer Sicherheit, dem Arbeitsrecht sowie dem Sozialschutz, also durchaus sehr dehnbaren Begriffen.

Angesichts der Meldung von *netzpolitik.org* vom 13. Dezember 2022, nach der Innenministerin Nancy Faeser auch gegen den Willen ihrer Koalitionspartner und der eigenen Fraktion alle Chatnachrichten ohne Anlass durchsuchen will, sollte Big Brother im Supermarkt einem tatsächlich einen eisigen Schauer über den Rücken laufen lassen. Zumal die Transaktionen in der App verbleiben und dadurch nachvollzogen werden kann, wann, wer, wo und wie viel Geld für bestimmte Produkte ausgegeben hat. Durch eine gezielte Datenanalyse kann der Kunde auf diese Weise ausgewertet und ein Profil über ihn erstellt werden.

Angesichts des Tempos, mit dem die Zentralbanken nun Richtung CBDC (Central Bank Digital Currency) preschen, dürfte es nicht verwunderlich sein, warum gerade die Supermärkte nun eine Schlüsselposition einnehmen, um das bargeldlose Zahlen zu propagieren. Schließlich bedarf es zur Akzeptanz einer Digitalwährung zunächst einmal der Abschaffung von Bargeld. Die Zukunft des Bargeldes hängt dabei wiederum davon ab, wie stark es vor allem im Einzelhandel nachgefragt wird. Beginnen jetzt – ausgerechnet zu einem Zeitpunkt, während viele Menschen aufgrund hoher Energiekosten und der Inflation jeden Cent zweimal umdrehen müssen – die Discounter-Riesen mit der Eröffnung von kassenlosen Filialen, ist es nur noch eine Frage der Zeit, bis das Bargeld bei der breiten Bevölkerung keinen Anklang mehr findet. Damit hat man den Menschen erneut seiner persönlichen Freiheit beraubt und dem CBDC einen Schritt nähergebracht. Denn dass vor allem unliebsame Menschen in der digitalen Welt schnell ausgeschlossen werden könnten, ist selbstredend. Eine kritische Stimme aus London merkte daher zu dem kassenlosen Supermarkt in Greenwich an:

> *»Es ist Diskriminierung, denn was passiert mit den Menschen, die kein Smartphone besitzen oder diese Technik nicht nutzen wollen? Werden sie verhungern, weil sie keine Lebensmittel mehr kaufen können?«*

Verhungern beziehungsweise arbeitslos wird das Personal der kassenlosen Supermärkte wohl vorerst nicht, versichert die REWE Group. Denn durch das technologisierte Pick&Go-Einkaufssystem sei ein höherer Aufwand bei der Warenverräumung notwendig. Außerdem benötige es verstärkt geschultes Marktpersonal, das den Kunden bei ihrem Einkauf zur Seite steht. Man darf gespannt sein, wie sich die Anzahl der Mitarbeiter in den autonomen Supermärkten entwickeln wird, ebenso wie es dann noch um die Verarbeitung unserer biometrischen Daten steht.

Dass jedenfalls ein kassenloser Supermarkt Bargeld ablehnen darf, obwohl es sich hierbei um ein gesetzliches Zahlungsmittel handelt, kann in der Empfehlung in der Europäischen Kommission vom 22. März 2010 nachgelesen werden. Hierin heißt es, dass die Annahme von Euro-Banknoten und -Münzen als Zahlungsmittel bei Einzelhandelstransaktionen die Regel sein sollte. »Eine Ausnahme davon ist nur aus Gründen im Zusammenhang mit dem Grundsatz von Treu und Glauben möglich (zum Beispiel, wenn der Einzelhändler über kein Wechselgeld verfügt).« Das ist bei den Pick&Go-Filialen der Fall.[28]

Die »Münzsammler«

Zugegeben: Zu viel Kleingeld im Portemonnaie kann gewaltig nerven. Wer hat schon die Geduld, an der Kasse seine 1-, 2- und 5-Cent-Kupfermünzen zu zählen und die Kassiererin damit zu »beglücken« – zumal dann, wenn sich an der Kasse bereits eine lange Menschenschlange gebildet hat? Dann kann es noch passieren, dass beim Öffnen der Geldbörse viele der Münzen auf den Boden purzeln, was in den Geschäften ebenfalls nicht für Erheiterung sorgt. Und wer beim Bäcker generös auf ein paar Cent Rückgeld verzichtet, gilt schnell als knauserig. Wer gibt schon 6 oder 7 Cent »Trinkgeld«. Es ist zwar ein alter und schöner Brauch, der Braut eine Münze in den Braut- schuh zu legen, auf dass das junge Paar im- mer genug Geld haben möge, doch dafür braucht man maximal eine kleine Münze, sonst wird es schmerzhaft für die Braut. Man kann das Kleingeld natürlich auch zur Bank tragen, doch das ist zeitaufwen- dig und umständlich.

In den vergangenen Jahren haben Finnland, die Niederlande, Irland und Belgien die kleinsten Kupfermünzen (1- und 2-Cent) abgeschafft. In den Niederlanden wird seither der Endbetrag beim Bezahl- vorgang abgerundet. In einer Umfrage der EU-Kommission, die allerdings nicht repräsentativ war, sprachen sich zum Jahreswech- sel 2020/2021 rund 70 Prozent der Verbraucherinnen und Ver- braucher dafür aus, die 1- und 2-Cent-Münzen abzuschaffen.[29] Psychologische Preise wie 4,99 Euro wären dann nicht mehr mög- lich, sondern entweder 4,95 oder 5,00 Euro.

Wohin mit den Kupfermünzen? Diese Frage beschäftigte schon 1989 den Studenten Jens Molbak in seinem Zimmer an der Stanford University. Bereits 2 Jahre später gründete er die Firma Coinstar. Sie sollte eine einfache und bequeme Möglichkeit bieten, Münzgeld umzutauschen, ohne lästiges Sortieren, Rollen und Zur-Bank-Bringen. Gemeinsam mit zwei Kommilitonen entwickelte er einen Automaten, der den Menschen genau diese Arbeit abnimmt. Der erste Münzautomat wurde 1992 in San Francisco in Betrieb genommen. Ein Volltreffer: Inzwischen verfügt das Unternehmen, dessen Hauptsitz sich in London befindet (die deutsche Niederlassung hat ihren Sitz in Berlin), allein in Deutschland über mehr als 1500 Automaten, vor allem in stark frequentierten Supermärkten wie EDEKA oder REWE.

Das Prinzip ist denkbar einfach: Sie bringen Ihre Euro-Cent- und Euro-Münzen zu Ihrem nächstgelegenen Coinstar-Automaten. Wo sich dieser befindet, können Sie auf der Internetseite des Unternehmens (*www. coinstar.de*) in Erfahrung bringen. Eine Vorsortierung oder Zählung ist nicht erforderlich, allerdings akzeptieren die Automaten ausschließlich Euromünzen. Sie tippen auf die Starttaste auf dem Display. Dort erscheinen die Nutzungsbedingungen, die sie per Knopfdruck akzeptieren müssen. Anschließend geben Sie Ihre Münzen auf ein Tablett. Die Münzen werden sodann vom Automaten gezählt. Am Ende des Vorgangs erhalten Sie einen Bon, den Sie an der Kasse des Supermarkts einlösen können. Entweder, Sie lassen sich den Betrag auszahlen oder mit Ihrem Einkauf verrechnen. Die Erfahrung zeigt, dass die meisten Kunden

den Wertbon mit ihrem Einkauf verrechnen lassen. Und nicht selten fallen diese Einkäufe größer aus als zunächst geplant, denn der Kunde weiß ja, dass er an der Kasse bei Vorlage des Bons einen Rabatt bekommt. Er hat mithin das Gefühl, bei seinem Einkauf zu sparen, was natürlich nicht zutrifft, denn letztlich hat er nur seine Münzen gegen einen Wertbon getauscht.

Wie dieser psychologische Trick in der Praxis funktioniert, zeigt das Beispiel von Katharina H. (37). Die Fußpflegerin aus Mainz entdeckte in einem REWE-Supermarkt ganz in ihrer Nähe einen Coinstar-Automaten. Lange Zeit hatte sie Kupfermünzen zu Hause in einem Glas gesammelt – und wusste nicht wohin mit diesem »Schatz«. Früher hatte sie die gesammelten Münzen einem Obdachlosen gegeben, den sie gelegentlich auf dem Weg in ihre Praxis traf. Der nahm die Münzen zunächst dankend entgegen (»Kleingeld ist besser als kein Geld«). Doch dann war der Mann verschwunden – und Katharina wusste nicht, wohin mit den Münzen. Das Coinstar-Angebot kam da wie gerufen. Die Frau schüttete ihr Kleingeld auf das Tablett und es ratterte laut, während die Münzen vom Automaten gezählt wurden. Katharina H. erhielt einen Bon im Wert von über 20 Euro. Sie freute sich und kaufte drei Flaschen Sekt, die sie normalerweise nicht erworben hätte.

So profitierten am Ende alle Beteiligten davon: Coinstar erhielt knapp 10 Prozent des Gesamtwertes der angenommenen Münzen (im konkreten Fall etwa 2 Euro), der Supermarkt profitierte, weil die Kundin mehr eingekauft hatte als zunächst geplant, und Katharina freute sich, ihre Kupfermünzen gegen Sekt eingetauscht zu haben. Solange alle mit diesem Geschäft zufrieden sind, ist dagegen auch nichts einzuwenden.

Allerdings sollte man zumindest dreierlei bedenken:

1. Die Wechselgebühr von knapp 10 Prozent ist ziemlich hoch.

2. Beim Kunden entsteht der Eindruck, auf diese Weise einen »Gewinn« zu haben. Das Gegenteil ist der Fall. Der Kunde hat lediglich sein Kleingeld gegen einen Wert-Bon getauscht und muss dafür noch knapp 10 Prozent Wechselgebühr zahlen. Die fällt natürlich auch an, wenn man sich entschließt, den Bon an der Kasse des Supermarktes gegen Bargeld einzutauschen.

3. Natürlich ist auch dies eine subtile Form der Bargeld-restriktion. Die Kerze brennt sozusagen an zwei Enden. Am einen Ende wird der 500-Euro-Schein abgeschafft, am anderen Ende will man den Menschen das Kleingeld aus der Tasche ziehen.

Der Absturz der Kryptowährungen

Das Weihnachtsfest des Jahres 2022 dürfte dem einstigen »Kryptowunderkind« Sam Bankman-Fried wohl nachhaltig in schlechter Erinnerung bleiben: Die Behörden auf den Bahamas lieferten den Gründer und ehemaligen CEO der Kryptobörse FTX in die USA aus. Dort wurde der 30-Jährige, der mit Vorliebe kurze Hosen trägt, vor Gericht gestellt. Die US-Staatsanwaltschaft bezichtigt ihn der Verschwörung zu Wertpapierbetrug, Geldwäsche und Verstößen gegen Parteispendengesetze. Der Hintergrund: Bankman-Fried hatte US-Präsident Biden in dessen Wahlkampf mit

»Kryptoland, abgebrannt«

mehreren Millionen US-Dollar unterstützt. Der Ex-FTX-Chef plädierte auf »nicht schuldig« und wurde gegen eine Kaution von 250 Millionen Dollar und weiteren Auflagen vorübergehend auf freien Fuß gesetzt. Tatsächlich droht dem Ex-Unternehmer eine langjährige Haftstrafe. Wie das Drama um den Chef der insolventen Kryptobörse FTX enden wird, ließ sich bei Redaktionsschluss des vorliegenden Buches noch nicht abschätzen. Der Beschuldigte und dessen Anwälte scheinen auf Zeit zu spielen. Allerdings haben sich der Mitbegründer von FTX, Gary Wang, und die Co-Chefin der FTX-Schwesterfirma Alameda Research frühzeitig wegen Betrugs für schuldig bekannt, was die Erfolgsaussichten von Bankman-Fried nicht eben erhöhen dürfte.

In den Jahren zuvor war Bankman-Fried innerhalb kürzester Zeit zu einem der reichsten Männer der USA aufgestiegen – ein Turbo-Kapitalist im wahrsten Sinne des Wortes. Die Mainstream-Medien lagen ihm förmlich zu Füßen. In der August/September-Ausgabe

2022 des US-Magazins *Fortune* verglichen ihn die Autoren noch mit der Wallstreet-Legende Warren Buffet. Gern umgab sich der milliardenschwere Bankman-Fried mit prominenten Stars und Sternchen – vorausgesetzt, sie waren weiblich. Darunter auch das brasilianische Model Gisele Caroline Bündchen. Wenige Monate vor der Pleite soll Bankman-Fried der US-Sängerin Taylor Swift einen 100 Millionen US-Dollar schweren Sponsoringdeal für seine Kryptobörse angeboten haben. Danach war er angeblich noch mit Katy Perry im Gespräch.

Bankman-Fried hatte die FTX-Handelsplattform für Kryptowährungen – also Bitcoins & Co. – im Mai 2019 gemeinsam mit Gary Wang gegründet. Das Unternehmen mit Hauptsitz auf den Bahamas bot eine Plattform, über die Kunden in erster Linie Transaktionen mit Kryptowährungen abwickeln konnten. Der Erfolg von FTX war nachgerade raketenartig. Zum Jahreswechsel 2021/2022 lag die Unternehmensbewertung schon sage und schreibe bei 25 Milliarden US-Dollar. Doch genauso rasant ging es nur wenige Monate später wieder bergab, und Bankman-Fried stürzte aus dem unternehmerischen Olymp in einen amerikanischen Gerichtssaal und womöglich bald in ein Gefängnis. Im November 2022 teilte die Wertpapieraufsicht der Bahamas mit, FTX stehe im Verdacht, Kundengelder veruntreut zu haben. Die Vermögenswerte des Unternehmens wurden daraufhin eingefroren. Am 11. November 2022 meldeten FTX und etwa 130 weitere mit FTX, FTX US und Alameda Research Ltd. verbundene Gesellschaften im US-Staat Delaware Insolvenz nach Chapter 11 an. Bankman-Fried trat als CEO zurück. Insiderberichten zufolge soll er heimlich etwa 10 Milliarden Dollar von FTX zu seinem Handelsunternehmen Alameda Research verschoben haben. Der ehemalige FTX-Chef dementiert diese Gerüchte und spricht von »Missverständnissen«. Der Jurist der britischen FTX-Tochter wiederum teilte auf Twitter mit, es habe »nicht autorisierte Transaktionen« gegeben. Eine britische Analysefirma vermutete, dass an einem einzigen Abend Kryptowerte in einem Umfang von 473 Millionen Dollar gestohlen worden seien.[30]

Wie dem auch sei, der gesamte Vorgang rund um FTX hat die Kryptowährungen in eine weitere tiefe Krise gestürzt. »Kryptoland, abgebrannt«, titelte der *Spiegel*. Das bleibt abzuwarten, denn es gibt nicht wenige Beobachter, die davon ausgehen, dass sich die Kryptowährungen auch davon wieder erholen könnten. Immerhin ist die Geschichte der Kryptowährungen eine von wahrhaft atemberaubenden Kursanstiegen und spektakulären Abstürzen. Kaum ein anderes Anlagemedium ist derart volatil. Dazu beigetragen haben nicht zuletzt schillernde Figuren wie Bankman-Fried. Nicht gerade vertrauensfördernd wirken da Nachrichten von Anfang 2023, wonach offenbar auch die Bitcoin-Börse Huobi Zahlungsschwierigkeiten habe.[31]

Kaum ein anderes Anlagemedium ist derart volatil wie Kryptowährungen

Die größten Kryptowährungen nach Höhe ihrer Marktkapitalisierung (in Mrd. US-Dollar)

Rang	Name	Markt-kapitalisierung	Internationale Abkürzung
1	Bitcoin	443,5	BTC
2	Ethereum	200,6	ETH
3	Tether	68,2	USDT
4	Binance Coin	52	BNB
5	USD Coin	41,9	USDC
6	Ripple	20,2	XRP
7	Binance USD	16,2	BUSD
8	Cardano	13,5	ADA
9	Dogecoin	12,8	DOGE
10	Polygon	10,8	MATIC

Quelle: *Wirtschaftswoche*, Stand: 7. Februar 2023

Generell gilt es, zwischen drei verschiedenen Kryptowährungen zu unterscheiden:

1. **Altcoins:** So werden alle Kryptowährungen bezeichnet, die nach dem Bitcoin emittiert wurden. Mittlerweile gibt es mehrere Tausend Altcoins. Die Mehrheit dieser Coins baut auf dem von Bitcoin bereitgestellten Grundgerüst auf und nutzt die Blockchain-Technologie. Trotz dieser grundsätzlichen Gemeinsamkeit unterscheiden sich Altcoins oft in vielerlei Hinsicht.

2. **Stablecoins:** Da – wie erwähnt – Kryptowährungen sehr volatil (also schwankungsintensiv) sind, wurden »stabile« Alternativen, eben die Stablecoins, auf den Markt gebracht. Die Wertentwicklung von Stablecoins hängt von anderen Währungen ab (zum Beispiel dem Euro oder US-Dollar). Allerdings können auch andere Assets unterlegt werden, wie zum Beispiel Gold. Ziel ist es in jedem Fall, die Volatilität der Kryptowährung zu verringern. In unserer obigen Tabelle mit den größten Kryptowährungen finden Sie auch den USD Coin. Dabei handelt es sich um einen digitalen Stablecoin, der an den US-Dollar gekoppelt ist.

3. **CBDC:** Dieses Akronym steht für Central Bank Digital Currency, also digitales Zentralbankgeld. Als Politiker und Zentralbanker vor Jahren realisierten, dass Kryptowährungen wie der Bitcoin nicht nur eine vorübergehende Erscheinung als Reaktion auf die Finanzkrise waren und keineswegs nur von Computer-Nerds genutzt wurden, beschlossen sie irgendwann, eigenes Digitalgeld zu schaffen, an dem freilich nichts mehr »krypto« ist.

Spätestens jetzt stellt sich die Frage: Ist die viel zitierte Blockchain also ein Instrument zur totalen Überwachung oder garantiert sie finanzielle Unabhängigkeit? Die Journalistin Jessica Horn schrieb hierzu Anfang 2023 einen analytischen Beitrag:

Mitte November 2022 kündigten einige der größten Banken der Welt an, zusammen mit der New York Fed an einem 12-wöchigen digitalen Dollar-Pilotprojekt teilzunehmen. Damit wurde weltweit der Startschuss für das CBDC (Central Bank Digital Currency) gegeben. Über kurz oder lang sollen dabei die bisherigen nationalen Fiat-Währungen in Digitalgeld umgewandelt werden. Knackpunkt hierbei: Anders als beispielsweise bei anderen Kryptowährungen würde das CBDC von der Zentralbank über eine Blockchain betrieben und kontrolliert werden. Doch wie ist das möglich, da doch die Blockchain von manch einem gerade wegen ihrer Dezentralität hochgelobt wird?

Insbesondere bei digitalen Transaktionen gehören Verschlüsselungstechniken zum A und O. Doch Digitalgeld bringt noch eine weitere Tücke mit sich. Schließlich weiß man im Gegensatz zum physischen Geld nicht, ob eine digitale Münze bereits ausgegeben wurde. Um daher eine Mehrfachausgabe zu verhindern, muss ähnlich wie bei der bisherigen Kartenzahlung an entsprechender Stelle Buch über die Ein- und Ausgaben geführt werden. Der angebliche Erfinder der Kryptowährung Bitcoin mit Nickname Satoshi Nakamoto hat zu diesem Zweck die sogenannte Blockchain entwickelt. Die Blockchain stellt dabei ein System dar, das ganz ohne missbrauchsanfällige Zentralstelle auskommen soll – und wird daher auch gern als dezentrales Netzwerk gefeiert.

»Blockchain« bedeutet übersetzt eine »Kette von Blöcken«. Jeder Block enthält dabei eine Information, für den ein sogenannter

Hash, eine Art digitaler Fingerabdruck berechnet wird. Die einzelnen Hashes verbinden die Blöcke zu einer Kette. Die nachträgliche Veränderung von Informationen ist ähnlich wie bei einem Chatverlauf nahezu unmöglich, da die Blockchain über ein dezentrales Netzwerk verwaltet wird, dem jeder beitreten kann und hinter dem weder eine Firma noch eine Einzelperson steckt. Jedes Mitglied der Blockchain, die sogenannten Knotenpunkte (Nodes), hat eine vollständige Kopie der kompletten Informationskette auf dem Computer. Sie ist vergleichbar mit einem öffentlich einsehbaren Kassenbuch. Darin enthalten sind sämtliche Transaktionen, die jemals im Netzwerk stattgefunden haben. Das Prinzip der Blockchain kann dabei nicht nur für den Zahlungsverkehr eingesetzt werden, sondern für jeden Bereich, in dem Informationen öffentlich zugänglich und nachträglich nicht manipulierbar sein sollen.

Das Hauptprinzip der Dezentralität der Blockchain wird jedoch dann ad absurdum geführt, wenn beispielsweise die Zentralbanken diese Technologie für ihr CBDC nutzen wollen, die sie selbst betreiben. In diesem Fall würde die Datenbank auf einem Server liegen, nämlich dem der Zentralbank, die dann auch der Eigentümer der Blockchain wäre. Die verschiedenen Nodes, also die Dezentralität, entfällt, ebenso wie die Veränderung der Blocks, also der Informationen. Denn derjenige, der den Quellcodeschlüssel hat – das wären in jenem Fall die Zentralbanken –, wären dann auch in der Lage, die Blockchain zu verändern. Das einzelne Mitglied der Blockchain, ein Node oder Knotenpunkt, könnte das System hingegen nur mit seinen Informationen versorgen.

Kurzum bedeutet dies, dass die Blockchain-Technologie nicht ausschließlich der Umgehung einer zentralen Kontrollinstanz dient. Bleibt also die Frage, ob an dieser Stelle tatsächlich von

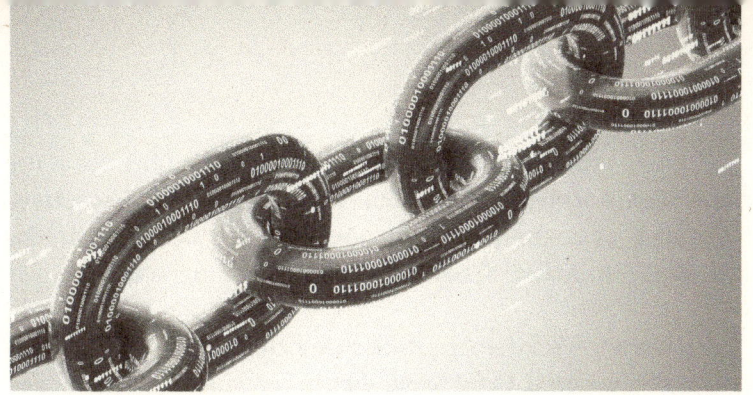

einer wahren Blockchain die Rede sein kann. Denn tatsächlich würde ein zentrales System der »Elite« bei der Umsetzung ihrer Ziele in die Karten spielen. So kann die Technologie dazu genutzt werden, eine lückenlose Dokumentation von Lieferketten aufzuzeigen oder Kontaktverfolgungen sicherzustellen und für »sichere« Wahlausgänge zu sorgen. Doch vor allem bei der Entwicklung der ID2020 würde ein zentrales System im Fokus stehen. Hierzu hieß es bereits in der Agenda 21 der Vereinten Nationen unter anderem: »Die Blockchain-Technologie kann die Bereitstellung sicherer und ortsunabhängiger Geburtszertifikate und Dokumente ausweiten.« Weitergesponnen auf andere amtliche Dokumente würde das heißen, dass beispielsweise Pässe oder der Führerschein in Zukunft an eine nutzerzentrierte Identität gekoppelt wären. Schmackhaft gemacht wird das dadurch, dass dann im Umkehrschluss auch lästige Behördengänge entfielen.

Durch die sogenannte ID2020-Allianz soll dieses Vorhaben hinsichtlich der Finanzierung und der Implementierung von digitalen ID-Lösungen und -Technologien realisiert werden. Auffallend hierbei ist, dass als Gründungspartner neben Microsoft auch die Rockefeller Foundation und Gavi zu finden sind. Demnach dürfte es nicht ganz abwegig sein, dass mit der ID2020 vor allem die Belange der Pharmaindustrie in den Blick genommen werden und hier vor allem ein digitales Impfbuch für die Welt geschaffen wird.

Das wären dann stets private Informationen, die über ein zentrales System laufen und von den Regierungen einsehbar wären, aber auch an bestimmte Konditionen geknüpft werden könnten. Der tatsächliche Begriff der Blockchain greift also nicht.

Doch warum wird der Ausdruck dennoch so gerne von den Regierenden genutzt? Ernst Wolff gibt in seinem am 7. Dezember 2020 in *apolut* erschienenen Kommentar: »Gehört Bitcoin die Zukunft?« eine Antwort hierauf. Wolff meint, dass die bevorstehende Einführung digitaler Zentralbankwährungen zu einer Massenflucht in Kryptowährungen führen könnte. »Es ist kaum damit zu rechnen, dass Staaten, Regierungen und Zentralbanken eine solche Entwicklung hinnehmen würden, ohne mit aller Härte dagegen vorzugehen.« Doch damit es erst gar nicht zu solch einer Kryptoflucht kommt, könnten die Herrschenden bereits im Vorfeld mit unsachlichen Begrifflichkeiten für Verwirrung gesorgt haben.

Furcht vor Flash-Crashs

Wolff empfiehlt dennoch keine explizite Investition in den Bitcoin. Das liegt zum einen an den hohen Kursschwankungen, da der Bitcoin zu einem Spekulationsobjekt geworden ist. Dabei würden ungefähr 20 Prozent der Bitcoin-User über etwa 80 Prozent aller Bitcoins verfügen. »Diese hohe Konzentration in wenigen Händen macht Bitcoin anfällig für sogenannte Flash-Crashs. Die Besitzer großer Bitcoin-Mengen können zeitgleich große Bestände verkaufen, den Kurs so abstürzen lassen und nach dem Ausverkauf auf Tiefstständen wieder zugreifen. Der kleinere Bitcoin-User sieht die Flash-Crashs weder kommen noch kann er wissen, wann die Talsohle erreicht ist.«

Auf der anderen Seite jedoch wird der Bitcoin, wie hier beschrieben, in einer Blockchain und damit außerhalb des Bankensystems gehandelt. Hierin sieht Wolff die größte Trumpfkarte der Kryptowährung, da im Falle eines Totalcrashs der gefürchtete Domino-Effekt im Bankensystem den Bitcoin nicht mit in die Tiefe reißen, sondern den Kurs sehr wahrscheinlich sogar nach oben treiben würde. Um zumindest einen Teil des Vermögens vor einem Wirtschaftscrash zu schützen, könnte der Bitcoin neben der Flucht in Sachwerte und Edelmetalle einen Ausweg bieten. Wie sich die Blockchain und hier allen voran der Bitcoin und andere dezentralisierte Kryptowährungen entwickeln und für den Otto Normalverbraucher eine Alternative zum voll umwachten CBDC werden könnten, bleibt abzuwarten.

Unstabile Stablecoins

Was wird aus den anfänglich so gehypten Kryptowährungen, die vor allem wegen ihrer starken Volatilität zunehmend in die Kritik gerieten? Um diesen zum Teil erheblichen Kursschwankungen entgegenzuwirken, wurden die sogenannten Stablecoins ins Leben gerufen, die an bestimmte Währungen – etwa an den US-Dollar – gebunden sind. Zu diesen Stablecoins gehört zum Beispiel der TerraUSD. Doch ausgerechnet dieser angebliche Stablecoin verlor im Mai 2022 an einem Tag rund 40 Prozent an Wert und riss den gesamten Kryptomarkt mit in die Tiefe.

Derweil bereiten auch die BigTechs aus den USA ihre eigenen Digitalwährungen vor, mit denen ihre Kunden und Mitglieder zahlen können. An erster Stelle sind hier Facebook und Google zu nennen. Die monetäre Zukunft kommt daher schon fast einer Dystopie gleich: Auf der einen Seite digitalisiertes Fiatgeld, das die Verbraucher absolut gläsern macht, auf der anderen Seite digitales Pseudogeld von US-amerikanischen Tech-Konzernen, die damit die weltweiten Märkte fluten. Keine sehr angenehmen Visionen von unserem Geld von morgen.

Unterdessen macht China schon Nägel mit Köpfen: Mit dem e-Yuan will die Nationalbank in Peking als eine der ersten weltweit eine eigene Digitalwährung einführen. Vorausgegangen war im Jahr 2021 ein Verbot für Plattformen für den Handel mit Kryptowährungen. Nichts soll dem geplanten e-Yuan Konkurrenz machen. Kritiker sehen in dieser Digitalwährung einen weiteren Schritt zur Überwachung der Bürger. Denn im Gegensatz zu Kryptowährungen wie Bitcoin oder Ethereum ist der e-Yuan weder Teil einer Blockchain, noch ist er außerhalb der staatlichen chinesischen Kontrolle handelbar. Mit anderen Worten: Der chinesische »Krypto« ist so ziemlich das Gegenteil von krypto.

Der Bitcoin – Nichts für schwache Nerven

Wie volatil die Kryptowährung Bitcoin ist, zeigt ein Blick auf den 5-Jahres-Chart. Anfang Januar 2020 lag der Preis für einen Bitcoin noch deutlich unter 7000 Euro. Anfang November 2021 stieg er dann auf über 56 000 Euro, um Anfang Januar 2023 wieder auf knapp 16 000 Euro zu fallen.

(Quelle: Comdirect)

Zahlen mit Plastikgeld

Musikliebhaber kennen die *Tritsch-Tratsch-Polka* von Johann Strauss II., gern auch von den Wiener Philharmonikern beim Neujahrskonzert gespielt. Aber was ist unter dem »Ritsch-ratsch-Zahlungsgerät« zu verstehen? Manche kennen das noch aus Restaurants und Geschäften: Die Verkäuferin oder der Verkäufer beziehungsweise der Ober zog die Kreditkarte ihres/seines Kunden über ein Prägegerät, das die Kartendaten auf einen Zahlungsbeleg übertrug, welches der Kunde beziehungsweise Gast anschließend unterschreiben musste. Das waren sozusagen die archaischen Zeiten der Kreditkartenwirtschaft. Doch mittlerweile hat auch dort längst die viel gepriesene Digitalisierung Einzug gehalten. Dazu gleich mehr.

Kreditkarten sind eine Erfindung aus den USA und stellen alles andere als eine risikofreie Alternative zum Bargeld dar. Im Gegenteil, sie weisen in vielen Fällen den Weg in die Überschuldung. Schon die offizielle Geschichte der Kreditkarten, eines frühen weltweit führenden bargeldlosen Zahlungssystems, beginnt mit einer faustdicken Lüge. Die Geschichte erzählt vom US-amerikanischen Unternehmer Frank McNamara, der angeblich Ende der 1940er-Jahre gute Freunde zu einem feinen Essen in das New Yorker Restaurant Major's Grill eingeladen hatte. Man delektierte sich in geselliger Runde an exklusiven Weinen und saftigen Steaks. Lebhaft ins Gespräch vertieft, vergaß die Herrenrunde die Zeit. Und so war der Gastgeber etwas erschrocken, als er diskret auf seine goldene Taschenuhr blickte und feststellte, wie spät es schon war. Er bat den Ober um die Rechnung. Als ihm diese wenig später präsentiert wurde, erschrak Frank McNamara ein zweites Mal: Er hatte seine Brieftasche im Büro vergessen, und mitten in der Nacht bestand natürlich keine Möglichkeit, einen

Mitarbeitenden zu bitten, ihm das Geld vorbeizubringen. Daraufhin soll es angeblich zu einer ziemlich peinlichen Diskussion zwischen dem Ober und dem Restaurantbesucher gekommen sein. McNamara versprach, die Zeche gleich am nächsten Tag zu bezahlen und überreichte dem Restaurantchef seine Visitenkarte, die er auf der Rückseite signierte. Auf der Fahrt nach Hause schwor sich McNamara angeblich, dass ihm derlei nie wieder passieren werde. Aber auch andere solvente Zeitgenossen sollten niemals in eine so peinliche Situation geraten. Der Unternehmer machte aus einer Peinlichkeit eine Geschäftsidee und erfand die Kreditkarte.

Soweit das PR-Märchen, das immer wieder gern erzählt wird, obwohl längst bekannt ist, dass es der Fantasie des Werbeberaters Matty Simmons entsprang. Wahr an der Geschichte ist nur, dass Frank McNamara am 28. Februar 1950 mit der ersten Kreditkarte auf den Markt kam – er nannte sie »Diners Card«, weil man damit vor allem sein Dinner bargeldlos zahlen konnte. Etwa 2 Jahre später verkaufte McNamara seine Anteile am Diners Club, der die erste Kreditkarte emittierte, an den Multimillionär und Kaufhausbesitzer Alfred Bloomingdale, der es seinen Kunden nicht nur erlaubte, mit dem kleinen Kärtchen zu zahlen, sondern sie regelrecht dazu ermutigte.

Die Kreditkarte ist mithin fast schon 75 Jahre alt und rund um den Globus verbreitet. Der Pionier Diners Club zählt zwar nach wie vor zu den »Big 4« der Branche, liegt jedoch deutlich hinter American Express, Visa und Mastercard. Die Wahrscheinlichkeit ist groß, dass auch Sie eine Kreditkarte besitzen. Und wenn Sie häufiger im Ausland unterwegs sind, dann dürften Sie sogar mehrere Kreditkarten mit sich führen.

Die Kreditkarte
ist fast schon 75 Jahre alt

Zu unterscheiden sind zwei Kategorien von Kreditkarten. Master-card und Visa sind nach dem Mitgliederprinzip aufgebaut. Banken oder andere Partner, die diese Karten ausgeben, sind Mitglieder. American Express und Diners geben jeweils eigene Karten heraus.

Unterschiedliche Arten von Kreditkarten

Hinsichtlich der jeweiligen Konditionen und der Art der Abrechnung sind im Wesentlichen drei Kreditkartenvarianten zu unterscheiden:

1. Charge-Kreditkarten

Diese Variante ist in Deutschland und Österreich am weitesten verbreitet. Die mit einer solchen Karte getätigten Umsätze werden einmal pro Monat abgerechnet – es handelt sich also nur um einen sehr kurzfristigen Kredit. Der Kunde muss sein Kreditkartenkonto vollständig ausgleichen. Der Betrag wird vom Referenzkonto des Karteninhabers abgebucht, in der Regel vom Girokonto.

2. Revolving-Kreditkarten

Bei dieser Variante hat der Karteninhaber die Möglichkeit, Ratenzahlungen mit einem festen Zahlungsziel mit dem Kreditkartenunternehmen zu vereinbaren. Es gilt also eine insgesamt längere Zahlungsfrist. Somit handelt es sich um einen »echten« Kredit. Doch Vorsicht: Die berechneten Zinsen sind in vielen Fällen exorbitant hoch.

3. Prepaid-Kreditkarten

Das Prinzip ist vielen von Handys mit Prepaid-Karte bekannt: Sie müssen die Karte zuerst mit einem Geldbetrag aufladen und können dann so lange telefonieren, bis das Guthaben aufgebraucht ist. Genauso funktioniert die Prepaid-Karte: Sie müssen Ihre Karte mit einem Guthaben aufladen und können anschließend damit zahlen. Der entscheidende Vorteil: Bei Prepaid-Karten ist weder eine Schufa-Auskunft noch eine Bonitätsprüfung vorgesehen.

Ende des Jahres 2020 waren in Deutschland über 40 Millionen Kreditkarten im Umlauf; mit ihnen wurden rund 1,6 Milliarden Transaktionen abgewickelt. Dass ich ein Anhänger von Bargeldzahlungen bin, bedeutet keineswegs, dass ich Kreditkarten ablehne. Verschiedene Zahlungen, etwa bei Internet-Einkäufen oder Flug- und Mietwagenbuchungen, lassen sich eben nicht mit Bargeld leisten. Keine Frage, Kreditkarten haben auch eine sehr praktische Seite.

In einem Beitrag auf *qonto.com* nimmt Yasmin Maddi aber auch die Risiken des Kreditkarteneinsatzes unter die Lupe. Als Nachteile führt sie ins Feld:

→ Zusätzliche Gebühren
→ Gebühren im Ausland
→ Unübersichtlichkeit
→ Teilweise begrenzter Einsatz
→ Gefahr des Datendiebstahls
→ Spuren im Internet

Die Autorin warnt explizit:

»Wer eine Kreditkarte einsetzt, muss sich darüber im Klaren sein, dass er sowohl online als auch offline Daten hinterlässt, aus denen Rückschlüsse auf seine Aufenthaltsorte und sein Einkaufsverhalten gezogen werden können.«[32]

Milliardengeschäft mit Kundendaten und Transaktionsgebühren

Die am Anfang dieses Kapitels erwähnte »Ritsch-ratsch-Methode« gehört längst der Vergangenheit an. Schon seit Jahren ist in Deutschland und anderen Staaten die NFC-Technologie im Einsatz. Das Akronym steht für Near Field Communication, also Nahfeld-Kommunikation. Sie erlaubt den elektronischen Datenaustausch per Funk auf sehr geringe Entfernung. Sie halten Ihre Karte also vor ein Lesegerät und – wenn es nicht wieder zu einem großflächigen Ausfall dieser Zahlungsmethode kommt wie im Jahr 2022 – die Daten Ihrer Karte werden gespeichert und der Kaufpreis von Ihrem Konto abgebucht. Oder aber, Sie halten einfach Ihr Smartphone mit einem entsprechenden NFC-Chip dicht vor ein Lesegerät. Ein optisches oder akustisches Signal zeigt an, ob Ihre elektronische Bezahlung erfolgreich war.

Nehmen Sie doch einfach mal Ihre Kredit- oder EC-(Debit-)Karte zur Hand und schauen Sie auf die Vorderseite dieses Plastikgelds. Entdecken Sie dort ein Wellensymbol, dann ist die Karte für die NFC-Technologie einsetzbar. Für Banken, Kreditkartenunternehmen und Einzelhändler sei diese Technologie ein Milliardengeschäft mit Kundendaten und Transaktionsgebühren, schreibt der Finanzjournalist Volkmar Michler.[33]

Da kann es nicht verwundern, dass um das kontaktlose Bezahlen ein regelrechter Verteilungskampf entbrannt ist. Visa wirbt mit seinem Zahlungssystem PayWave um Kunden, Mastercard mit PayPass und die Sparkassen mit Girogo. Und mit den Aktien der dahinterstehenden Unternehmen ließ sich in den vergangenen Jahren viel Geld verdienen. Dazu zählt vor allem das niederländische Chip-Unternehmen NXP Semiconductors, früher ein Teil des Philips-Konzerns. Das Unternehmen mit Hauptsitz in Eindhoven erwirtschaftete 2019 einen Umsatz von knapp 8,9 Milliarden US-Dollar. Der Hauptsitz in Deutschland ist Hamburg Lokstedt. NXP verfügt zudem über Niederlassungen unter anderem in Australien, Indien, Thailand, China, Singapur, Taiwan, Indonesien, Südkorea, den USA und in den Vereinigten Arabischen Emiraten.

Der Kurs der Aktie von NXP Semiconductors hat zwischen 2013 und 2021 um über 600 Prozent zugelegt. Das zeigt ganz klar: Dieses Unternehmen gehört zu den Profiteuren einer bargeldlosen Gesellschaft.

Weitere wichtige Profiteure im Geschäft mit kontaktlosem Bezahlen sind – wen könnte das noch überraschen? – zwei US-amerikanische Tech-Giganten: Apple und Google. Apple brachte im Jahr 2014 mit Apple Pay ein Zahlungssystem für die hauseigenen mobilen Endgeräte auf den Markt. Es wurde damals zunächst für das iPhone 6 und 6 Plus eingeführt und funktioniert – ebenso wie Google Pay – auf der beschriebenen Near Field Communication-Technologie (NFC). Seit Dezember 2018 kann Apple Pay auch in Deutschland, seit April 2019 in Österreich eingesetzt werden.

Google Pay kam im Jahr 2015 zunächst unter dem Namen Android Pay auf den Markt. Es handelt sich also um das Mobile-Payment-System für Android-Geräte. Oder einfach ausgedrückt: ein Bezahlsystem für alle, die sich nicht für Apple-Smartphones entschieden haben. Ansonsten funktioniert Google Pay im Grunde wie Apple Pay.

Wo Apple ist, kann der große Wettbewerber Samsung aus Südkorea nicht fehlen. Auch dieser Elektronikkonzern möchte vom

Geschäft mit den kontaktlosen Bezahlsystemen profitieren. Seit 2015 buhlt das Unternehmen mit Samsung Pay um Kunden. Dieser mobile Zahldienst ist ebenfalls für Endgeräte mit dem Betriebssystem Android konzipiert.

Banken und Sparkassen bieten vielfach hauseigene Lösungen zur Smartphone-Zahlung per NFC an der Ladenkasse an. Üblicherweise sind dabei die Daten der zum Girokonto gehörenden Bank- oder Kreditkarte hinterlegt, die beim Zahlungsvorgang an das Händlerterminal gesendet werden.

Und natürlich profitieren neben diesen Konzernen auch der Einzelhandel und die Gastronomie vom bargeldlosen Zahlen. »Gäste möchten komfortabel bezahlen können und nicht immer überlegen, ob sie genügend Bargeld dabeihaben. Daher ist es für den Umsatz förderlich, wenn Gastronomen, die noch keine bargeldlosen Zahlungen anbieten, dies umsetzen«, sagt Sibylle Jost, Marketing- und Kommunikationschefin beim Berliner Zahlungsdienstleister SumUp.[34] Mit anderen Worten, der Gast gibt gern schon mal mehr Geld aus, als er eigentlich vorhatte. Auf die disziplinierende Wirkung des Bargeldes werde ich gleich im Zusammenhang mit der Methode »Buy now, pay later« zurückkommen.

Der Weg zur bargeldlosen Gesellschaft

1. Stufe: Bargeld
2. Stufe (Euro-)Schecks
3. Kreditkarten
4. Mobile Zahlung
5. Digitale Währung

Derzeit befinden wir uns zwischen Stufe 4 und 5.

Regionalwährungen –
keine wirkliche Alternative

Die Geschichte klingt fast zu abenteuerlich, um wahr zu sein. Dennoch verdient sie es, erzählt zu werden. Die Hauptrolle spielt der österreichische Lokomotivführer Michael Unterguggenberger, ein überzeugter Sozialdemokrat, der aus kleinen Verhältnissen stammte. Der junge Unterguggenberger war froh, bei der Eisenbahngesellschaft eine Anstellung bekommen zu haben. An einem Tag im Jahr 1916, mitten im Ersten Weltkrieg, transportierte er Truppen und Munition an die Front in die heutige Ukraine. Am Ziel angekommen, entdeckte er ein abgegriffenes Heft, das jemand im Zug vergessen hatte. Das Magazin trug den etwas merkwürdigen Namen *Der Physiokrat.* Neugierig begann Unterguggenberger in der Zeitschrift zu blättern, zu dessen wichtigsten Autoren der Kaufmann und ökonomische Autodidakt Silvio Gesell gehörte. Dieser vertrat eine zunächst ziemlich steile These: Das Übel des Finanzsystems sei die Tatsache, dass Geld im Gegensatz zu Eisen nicht roste; sprich: Man könne es lange aufbewahren, es nehme keinen Schaden, sondern – im Gegenteil – erwirtschafte Zinsen und Zinseszinsen. Und genau diese Kapitalerträge müssten andere erwirtschaften. Das funktioniere nur so lange, wie Arbeiter, Angestellte und Unternehmer genug Geld verdienten, um Zinsen und Zinseszinsen zahlen zu können. Doch in dem Moment, da die Wirtschaft eines Landes in eine schwere Krise schlittere, scheitere das System. Im Klartext: Kredite platzen, Firmen gehen pleite und immer mehr Menschen stehen ohne Job da. Die Konsequenzen: schwere soziale Probleme und politische Unruhen.

Also lautete die logische Konsequenz, dass Geld nicht gehortet, sondern in Umlauf gebracht werden müsse. Unterguggenberger fand diese Idee zwar inspirierend, war aber anfangs noch nicht völlig davon überzeugt. Ebenso wenig konnte er ahnen, dass er selbst diese Idee wenige Jahre später in seiner Heimatgemeinde Wörgl populär machen würde. So populär, dass sie sich beinahe um die halbe Welt verbreiten sollte.

Der Rest der Geschichte ist schnell erzählt: Ende der 1920er-Jahre brach mit dem New Yorker Börsencrash eine schwere Rezession aus, deren Eruptionen Europa schon bald mit voller Wucht erfassten. Auch die Gemeinde Wörgl bekam die Folgen zu spüren. Da besann sich Unterguggenberger, der inzwischen zum Bürgermeister aufgestiegen war, der Ideen des Wirtschaftstheoretikers Silvio Gesell und führte in seiner Gemeinde das sogenannte Schwundgeld ein. Diese Währung verlor Monat für Monat 1 Prozent ihres Wertes. Wer also das Regiogeld ein Jahr hortete, hatte am Ende 12 Prozent weniger. Das heißt, wer keinen Verlust einfahren wollte, musste das Geld ausgeben.

Auch heute gibt es in vielen Ländern solche Regiowährungen, die nach demselben Prinzip funktionieren. Am bekanntesten dürfte in Deutschland der *Chiemgauer* sein. Allerdings haben solche Währungen aus meiner Sicht allenfalls einen folkloristischen Wert. Sie sind kein Bargeldersatz, da es sich ja um Bargeld handelt, wenngleich sein Wert regelmäßig sinkt. Auch Regiowährungen sind letztlich Papiergeld (Fiat-Money). Zudem kann in der Regel schon in der Nachbarregion nicht mehr mit dieser Parallelwährung bezahlt werden – es sei denn, es bestehen interregionale Verrechnungsstellen. Ansonsten bleibt nur, die Regiowährung wieder in Euro zu tauschen, was meist mit relativ hohen Gebühren verbunden ist.

PayPal & Co.

»PayPal« (übersetzt: »Bezahlfreund«) trägt diesen Namen nicht von ungefähr. Ohne Frage ist es äußerst bequem, mit ein paar Mausklicks seine Bestellungen im Internet zu bezahlen, statt nicht enden wollende IBAN-Nummern einzugeben. Dem Verkäufer wiederum wird der Zahlungseingang zeitnah mitgeteilt, sodass er die bestellte Ware versenden kann und diese meist schon am nächsten Tag beim Käufer ankommt. PayPal hat auf den ersten Blick Vorteile für alle Beteiligten. Wirklich? Tatsächlich gibt es auch sehr kritische Aspekte, die man bedenken sollte, wenn man die Dienstleistungen dieses Unternehmens nutzt. Dazu gleich mehr. Zunächst zur erstaunlichen Unternehmensgeschichte von PayPal.

Das Prinzip ist einfach – und vermutlich deshalb so erfolgreich. Jeder kann bei PayPal ein kostenloses virtuelles Konto eröffnen. Dieses Konto trägt aber keine Nummer, sondern die E-Mail-Adresse des Inhabers. Der Kunde kann nun sein PayPal-Konto per Banküberweisung aufladen oder aber eine Kreditkarte hinterlegen. Zudem besteht die Möglichkeit, PayPal eine Bankeinzugsermächtigung auf das Girokonto des Kunden zu erteilen. Um nach einem Kauf Geld zu überweisen, gibt der Kontoinhaber seine E-Mail-Adresse und zusätzlich ein Codewort ein. In Echtzeit wird der Betrag dann auf das Empfängerkonto überwiesen. Der Verkäufer hat das Geld also in wenigen Augenblicken auf seinem PayPal-Konto und kann es von dort auf sein normales Geschäfts- oder Gehaltskonto überweisen. In bestimmten Fällen, zum Beispiel bei eBay-Käufen, wird angeblich aus Gründen des Käuferschutzes die Auszahlung des Geldes erst nach 21 Tagen freigegeben. Diese Praxis spielt indessen bisweilen auch betrügerischen Käufern in die Hände. Berühmt-berüchtigt und an Dreistigkeit wohl kaum noch zu überbieten ist der »Leere-Kiste-Trick«, den ich Ihnen gleich anhand eines konkreten Beispiels vorstellen werde.

Doch zunächst zurück zur Geschichte von PayPal, damit Sie wissen, mit wem Sie es zu tun haben. »Die PayPal-Story ist eine Geschichte des Krieges. Nicht eines Konflikts mit Gewehren oder Panzern, sondern eines gewaltigen Business-Kampfes, ausgetragen mit Genialität, Entschlossenheit und jeder Menge Nachtschichten«, schreibt Eric M. Jackson.[35] Es begann im März 2000 mit einer Fusion von X.com und Confinity. X.com war ein Jahr zuvor von Elon Musk aus der Taufe gehoben worden, nachdem dieser zunächst sein Start-up Zip2 für satte 307 Millionen US-Dollar an Compaq verkauft hatte. Confinity wiederum war im Dezember 1998 von Max Levchin, Luke Nosek und dem deutschstämmigen Peter Thiel gegründet worden. Dabei handelte es sich ursprünglich um einen Dienstleister für Bezahlmethoden und Kryptografie für den Ende der 1990er-Jahre beliebten »digitalen Assistenten« Palm Pilot.[36] Viele der Confinity-Angestellten waren ehemalige Mitarbeiter der Studentenzeitung *The Stanford Review*, die Peter Thiel ebenfalls gegründet hatte. Die Geschäftsidee, ein neues Bezahlsystem im Internet anzubieten, barg ohne Fragen Risiken. Immerhin setzte sich das Onlinebanking der klassischen Geldinstitute immer mehr durch. Und die meisten Menschen trauten ihrer Sparkasse oder Volksbank, mit der sie seit Jahren Geschäftsbeziehungen unterhielten, eben mehr als einem bis dahin noch unbekannten Start-up in den USA.

Für die PayPal-Gründer ging es also darum, möglichst schnell viele Kunden zu gewinnen, sprich: Ein engmaschiges Netzwerk aufzubauen. Nur so könnte die Idee funktionieren. Und was hätte sich dafür besser geeignet als die Zusammenarbeit mit eBay? Doch das Management des Onlineauktionshauses zeigte den PayPal-Grün-

Aus dem einstigen Start-up PayPal war dank der Kooperation
mit eBay ein milliardenschwerer Konzern geworden

dern zunächst die kalte Schulter. Und dafür gab es gute Gründe:
eBay hatte einen eigenen Dienstleister für Zahlungen im Internet.
Er hieß eBay Payments und stellte eine Weiterentwicklung des Be-
zahlsystems Billpoint dar. eBay ließ in den Jahren danach nichts
unversucht, das eigene Bezahlsystem bei den Kunden populärer
zu machen, doch diese favorisierten eindeutig PayPal. Der »Krieg«
begann. Doch schon bald musste das eBay-Management begreifen, dass es nichts mehr zu gewinnen gab. Die Kunden hatten ein-
deutige Präferenzen und bevorzugten den Konkurrenten. Wenn
es nicht gelingt, einen lästigen Mitbewerber auf dem Feld des
Marktes zu schlagen, dann bleibt in aller Regel nur der Weg, ihn
zu übernehmen. So kaufte eBay im Oktober 2002 PayPal zu einem
Preis von 1,5 Milliarden US-Dollar. An der Seite des Onlineauktionshauses gelang PayPal endgültig der große Durchbruch.

Für den deutschsprachigen Raum steht seit Anfang 2004 eine
deutsche PayPal-Webseite zur Verfügung. Die Europa-Tochter
PayPal (Europe) hat ihren Sitz im steuerbegünstigten Luxemburg
und bekam am 2. Juli 2007 von der dortigen Finanzaufsichtsbe-

hörde eine Banklizenz für die geschäftlichen Aktivitäten in Europa. Mit anderen Worten: PayPal ist seither eine offizielle Bank. Im Herbst 2014 gab eBay die Trennung von PayPal bekannt und brachte seine Tochtergesellschaft Mitte 2015 an die Börse. Das Unternehmen ist an der US-Technologiebörse Nasdaq gelistet.

Aus dem einstigen Start-up war in relativ kurzer Zeit dank der Kooperation mit eBay ein milliardenschwerer Konzern geworden. Weltweit beschäftigte PayPal im Jahr 2021 knapp 31 000 Mitarbeiter und erwirtschaftete einen Umsatz von 25,4 Milliarden US-Dollar.

Vielleicht sind Sie neugierig geworden und wollen nun endlich wissen, was es mit dem ominösen »Leere-Kiste-Trick« auf sich hat. Hier die ganze, authentische Geschichte (lediglich der Name des Protagonisten wurde geändert; der tatsächliche Name ist dem Autor dieses Buches bekannt).

Max Lindauer verkaufte über eBay eine gebrauchte, aber kaum getragene Armbanduhr. Er hatte seinerzeit 1300 Euro für das gute Stück bezahlt, jetzt aber brauchte er Geld, und deshalb stellte er den Chronografen bei eBay ein. Der Zuschlagspreis lag bei 700 Euro, also deutlich unter dem Einstandspreis. Lindauer war enttäuscht, hoffte nun aber zumindest auf eine reibungslose Abwicklung und schnelle Zahlung. Zunächst sah auch alles danach aus. Der private Käufer aus Hamburg entschied sich für eine Abwicklung der Transaktion über eBay und zahlte den Kaufpreis plus Versandkosten per PayPal. So weit, so gut. Dann aber meldete sich der Käufer und behauptete, ein leeres Paket erhalten zu haben. Aggressiv forderte er sein Geld zurück, das bis zu diesem Zeitpunkt noch gar nicht auf dem Konto des Verkäufers eingegangen war, weil es – wie erwähnt – angeblich zum Schutz des Käufers zurückgehalten wurde.

Die Einlieferungsquittung des Logistikdienstleisters DHL wies für das Paket ein Gewicht von rund 2 Kilogramm auf; es konnte mithin also bei Einlieferung nicht leer gewesen sein. Der Verkäufer forderte Fotos von dem angeblich leeren Paket an, um bei DHL reklamieren zu können. Doch der Käufer ließ zunächst nichts mehr von sich hören. Auch nicht auf ein Anwaltsschreiben mit Klageandrohung.

Endlich meldete sich eBay beim Verkäufer und teilte mit, in dieser Angelegenheit zu seinen Gunsten entschieden zu haben. 2 Tage später hatte Max Lindauer das Geld auf seinem Konto und dachte, die leidige Angelegenheit sei damit endgültig erledigt. Doch dann beschwerte sich der Käufer bei seinem Finanzdienstleister PayPal mit dem Argument, die gelieferte Ware habe nicht der auf eBay veröffentlichten Beschreibung entsprochen. Als Max Lindauer verwundert bei PayPal und eBay nachfragte, wieso jemand den Zustand einer Ware beurteilen könne, die er angeblich nie bekommen habe, wurde ihm in kaum überbietbarer Chuzpe mitgeteilt, der Käufer habe keine leere Kiste, sondern eine Uhr gekauft. Insofern sei die Beschreibung des Verkäufers nicht zutreffend gewesen. Außerdem sei die Entscheidung von PayPal endgültig; und tatsächlich wurde der Kaufpreis kurz darauf wieder zurückgebucht.

Was weder eBay noch PayPal wussten: Max Lindauer ist Wirtschafts- und Verbraucherjournalist. Er informierte seine Kollegen und bat über die Presseagentur die PayPal-Geschäftsleitung für Europa um eine zitierfähige Stellungnahme. Eine schlechte Presse wollten sich aber anscheinend weder PayPal noch eBay leisten. Sie blieben zwar bei ihrer Auffassung, dass ihr Verhalten korrekt gewesen sei, erstatteten Max Lindauer allerdings den Kaufpreis – mutmaßlich, um den Ball flach zu halten. Auf seinen 200 Euro Anwaltskosten blieb der Verkäufer freilich sitzen.

Eine ärgerliche, sich über Wochen erstreckende Prozedur, keine Frage. Aber eine Petitesse verglichen mit den Erfahrungen, die der Journalist Boris Reitschuster mit PayPal machen musste. Reitschuster dürfte den meisten von Ihnen, liebe Leserinnen und Leser, gut bekannt sein. Er betreibt seit einigen Jahren die äußerst lesenswerte Seite *www.reitschuster.de*. Ein erfrischendes, faktenreiches »Gegengift« zum politmedialen Mainstream. Im Sommer 2022 bekam der Kollege eine Nachricht von PayPal. Darin heißt es unter anderem:

> *»... Bei einer Überprüfung Ihrer Kontoaktivitäten wurde festgestellt, dass Sie gegen die Nutzungsrichtlinien von PayPal verstoßen. Aus diesem Grund wurde Ihr Konto dauerhaft eingeschränkt und Sie können keine weiteren Geschäfte mit PayPal durchführen.«*

Reitschuster wandte sich an den Kundenservice. Im Chat kam nach seinen Angaben folgende Antwort:

> *»Ich habe dein Konto geprüft. Aufgrund der Art deines Unternehmens und des damit für PayPal verbundenen Risikos können wir dir unsere Services derzeit leider nicht weiter anbieten. Weitere Informationen findest du in den PayPal-Nutzungsbedingungen.«*[37]

Nun geht es nicht darum, dass Reitschuster keine Bestellungen bei eBay mehr mit PayPal bezahlen kann. Das wirklich Perfide ist: Personen, die seine Artikel regelmäßig lesen, haben nun keine Möglichkeit mehr, seine Arbeit zu unterstützen, indem sie ihm finanzielle Zuwendungen per PayPal zukommen lassen. Natürlich gibt es eine Vielzahl von anderen Überweisungswegen – zum Beispiel Banküberweisung, Apple Pay oder Kreditkarte. Aber der

Vorfall legt den Verdacht nahe, dass »unbare« Zahlungsmethoden auch dazu genutzt werden können, um missliebige Journalisten zu schikanieren oder im schlimmsten Fall mundtot zu machen. Bei Redaktionsschluss des vorliegenden Buches gab es in dem erwähnten Fall noch keine neue Entwicklung.

Dass PayPal sich politisch instrumentalisieren lässt oder zumindest bisweilen in vorauseilendem Gehorsam handelt, zeigen Fälle aus der länger zurückliegenden Vergangenheit. So schloss PayPal zum Beispiel im Dezember 2010 das Konto einer Stiftung, über das bis dahin ein Großteil der Spenden für die Internetplattform WikiLeaks geflossen waren.[38] Vorgänge wie diese beweisen, wie stark der Einfluss der Amerikaner und deren Behörden auf PayPal ist. Aufgrund des USA PATRIOT Act vom Oktober 2004 ist es allen US-amerikanischen Geheimdiensten möglich, sämtliche PayPal-Daten ohne richterlichen Beschluss einzusehen, anzufordern und zu speichern.

Wie weitgehend der US-amerikanische Einfluss auf PayPal ist, zeigt folgender Vorgang aus dem Jahr 2011, der geradezu skurrile Züge aufweist. Damals erhielt die Drogeriemarktkette Rossmann von PayPal ein in ruppigem Ton gehaltenes Schreiben. Darin wurde Rossmann ultimativ aufgefordert, die von ihnen angebotenen kubanischen Zigarren aus dem Sortiment zu nehmen. Diese unterlagen seinerzeit dem von der US-Regierung durchgesetzten Embargo gegen den Karibikstaat. Die Geschäftsleitung der Drogeriekette reagierte empört. Man lasse sich nicht erpressen, erklärte ein Unternehmenssprecher. PayPal wurde als Zahlungsart vorübergehend gestrichen.

Geld-Feuilleton I:
Der digitale Klingelbeutel

Bereits im 18. Jahrhundert galt die Kollekte als eine wichtige Einnahmequelle der Kirchen – neben den Erbzinsen, Auflagen bei Kindstaufen, Hochzeiten und wie auch immer gearteten Strafgeldern. Im 19. Jahrhundert kam die bis heute höchst lukrative Kirchensteuer hinzu. Offizieller Grund: Die Kirchen wollten sich vom Staat unabhängiger machen. Dennoch wird die Kirchensteuer bis heute von den staatlichen Finanzbehörden eingezogen. Das Finanzamt ist gleichsam das Inkassobüro der Kirchen. Weigert sich jemand, der Mitglied einer Kirche ist, seine Kirchensteuer zu entrichten, so handelt es sich zwar nicht um eine Steuerhinterziehung, da es keine Steuern im Sinne von § 370 AO sind, gleichwohl droht aber Ärger. Unter Umständen kommt der Vorwurf des Betrugs ins Spiel. Und dafür gibt es keine Möglichkeit der Selbstanzeige, wie bei der Steuerhinterziehung.

Doch das nur nebenbei. Kommen wir zurück zu einer anderen Form der Kirchenfinanzierung, der bereits erwähnten Kollekte. Sie ist so etwas wie eine frühere Form der Crowdfinanzierung. Was aber, wenn es im Klingelbeutel nicht mehr klingelt, weil es nach einer Bargeldabschaffung keine Münzen mehr gibt?

Im Jahr 2003 führte die evangelisch-lutherische Pastorin Karin Schwandlund in ihrer Kirche im schwedischen Dorf Norrfjärden den bargeldlosen Klingelbeutel ein. »Viele der Kirchgänger sind junge Leute, die nur noch Kreditkarten mit sich führen, erläuterte die Pastorin ihren damals viel beachteten Vorstoß. Möglicherweise konnte sie damals auch auf das Know-how ihres Mannes zurückgreifen, der als Banker arbeitete. Die Umsetzung dieser Idee war relativ simpel: An dem traditionellen Klingelbeutel wurde einfach ein Lesegerät befestigt.

Schnell machte das Beispiel aus Schweden auch in deutschen Kirchengemeinden Schule. Die kirchennahe Pax-Bank stellt auf ihrer Internetseite den »Digitalen Klingelbeutel« vor. Er wurde auf Grundlage eines Patents der Evangelischen Kirche Berlin-Brandenburg-schlesische Oberlausitz entwickelt. Möglich sind bargeldlose Spenden bis 50 Euro. Und falls jemand überzeugter Anhänger des Bargeldes ist, kann er natürlich nach wie vor auch in bar spenden.[39]

Der klassische Klingelbeutel hat seinen Ursprung in den ersten christlichen Gemeinden. Damals sammelten die Kirchen allerdings noch Naturalien in Form von Brot und anderen Gaben. Der Klingelbeutel aus dem 18. Jahrhundert wird in einem mit Leder gefütterten und mit silbernen Bordüren verzierten Samtbeutel, der an einem langen Stab hängt, durch die Reihen der Gläubigen gereicht. Der Klang der an den Klingelbeuteln befestigten Glöckchen soll angeblich an die sozialen Probleme der Welt erinnern. Böse Zungen hingegen lästern, dadurch würden die Gläubigen nach langen Predigten ganz profan am Einschlafen gehindert.

Klarna – die PayPal-Konkurrenten aus Schweden

Im Jahr 2005 gründeten Sebastian Siemiatkowski, Niklas Adalberth und Victor Jacobsson in Stockholm den Zahlungsdienstleister Klarna. Ziel war es, vom unübersehbaren Boom im Onlinehandel zu profitieren. Das Konzept der Klarna-Gründer basierte auf der Abwicklung von Onlinekäufen im Rahmen von Factoring-Dienstleistungen. Unter Factoring versteht man den Ankauf von Forderungen durch eine Factoring-Gesellschaft. Angenommen, das Unternehmen X liefert Waren an seinen Kunden Y. Dadurch entsteht eine Geldforderung von X gegenüber Y. Bis die Forderung beglichen wird, können – je nach den vereinbarten Zahlungskonditionen – mitunter Wochen vergehen. Manche Kunden lassen sich erst mehrfach mahnen, bevor sie endlich das Geld überweisen. Manche zahlen auch gar nicht und schlittern in die Insolvenz. Der Verkäufer bleibt dann auf seinen Forderungen sitzen. Aber auch Zahlungsverzögerungen können den Verkäufer in die Bredouille bringen, denn schließlich muss auch er seine Lieferanten und sein Personal bezahlen. Und das Finanzamt erwartet ebenfalls pünktliche Steuerzahlungen. Manche Unternehmen verkaufen ihre Forderungen an ein Factoring-Unternehmen, sichern sich dadurch schnelle Liquidität und sind bei der Insolvenz eines Kunden auf der sicheren Seite (das freilich gilt nur beim echten Factoring, beim unechten bleibt das Ausfallrisiko – auch Delkredererisiko genannt – beim Verkäufer). Nachteil: Factoring ist nicht gerade billig. Salopp ausgedrückt: Für die schnelle Liquidität muss der Verkäufer von Forderungen in die Tasche greifen. Soweit ein kurzer Exkurs zum Thema Factoring. Zurück zu Klarna.

Die Geschäftsidee der drei Schweden stieß zunächst auf wenig Interesse. Dennoch bot das neu gegründete Unternehmen, das anfangs noch unter Kreditor firmierte, ab 2007 seine Dienstleistung in Schweden, Finnland und Dänemark an. Und zunächst reüssierte der Finanzdienstleister – viel bestaunt von den Wettbewerbern. Bald galt der schwedische Zahlungsanbieter als eines der wertvollsten Fintech-Unternehmen (Fintech = Finanztechnologie) in Europa. Doch dann folgte der Absturz. Im Juli 2022 teilte Klarna mit, in einer neuen Finanzierungsrunde habe sich das Start-up ein Finanzierungsvolumen von 800 Millionen Dollar gesichert. Klingt gut, doch nur auf den ersten Blick. Denn diese Summe entsprach einer Unternehmensbewertung von 6,7 Milliarden Dollar. Damit hatte Klarna in nur einem Jahr sage und schreibe 85 Prozent an Wert verloren. Ein Desaster für die ambitionierten Schweden.

Schon im Mai 2022 hatte das auf das Prinzip »Buy now, pay later« (BNPL) spezialisierte Unternehmen angekündigt, jeden Zehnten seiner 7000 Beschäftigten zu entlassen. Als Grund wurde die rasant steigende Inflation genannt. Auch der damals volatile Aktienmarkt machte dem Unternehmen zu schaffen. Wie viele Start-ups hatte auch Klarna damit zu kämpfen, dass sich die Finanzierungsbedingungen in der damaligen Krise deutlich verschlechterten.

Wenn Sie häufiger im Internet einkaufen, wird Ihnen auch die Zahlungsoption »Sofortüberweisung« bekannt sein. Der Anbieter dieser Dienstleistung, die Münchner Sofort GmbH, wurde 2005 aus der Taufe gehoben und gehört seit 2014 zur Klarna-Gruppe. Die Abwicklung läuft folgendermaßen ab: Sie geben als Kunde die Legitimationsdaten Ihres Bankkontos ein; diese werden an das Geldinstitut übermittelt. Die Autorisierung einer Zahlung erfolgt per Zwei-Faktor-Authentisierung. Sie müssen also eine Transaktion gegenüber der Bank per TAN (Transaktionsnummer) oder App bestätigen. Ähnlich funktionieren auch die Zahlungssysteme Giropay und Paydirekt.

Bargeldlos zahlen: Die Möglichkeiten im Überblick

»Echte« Kreditkarten

Sie zahlen nicht sofort, sondern erhalten sozusagen einen (meist sehr kurzfristigen) Kredit bis zum jeweiligen Monatsende. Der Zahlungsaufschub kann also maximal 4 Wochen oder auch nur ein paar Tage ausmachen.

Debitkarte oder Bankkarte (früher EC-Karte)

Der Betrag wird unmittelbar nach dem Kauf von Ihrem Girokonto abgebucht. Erfolgt die Zahlung per Belegunterschrift und Lastschrift, kann es bis zur Abbuchung ein paar Tage dauern.

Bargeldloser Zahlungsverkehr per Smartphone-App

Wie an anderer Stelle erwähnt, bieten die US-Tech-Giganten Apple und Google Lösungen an, mit denen Sie mit Ihrem Smartphone zahlen können. Banken und Sparkassen verfügen meist über hauseigene Alternativen.

Onlinezahlungssysteme (PayPal & Co.)

Onlinezahlungssysteme wie PayPal oder Paydirekt wurden speziell für das bargeldlose Zahlen im Internet entwickelt. Je nach Anbieter erfolgt die Abbuchung des Rechnungsbetrags per Kreditkarte oder Lastschrift.

Überweisung

Dies ist sozusagen die »Urform« des bargeldlosen Zahlens. Man überweist den Rechnungsbetrag von seinem Konto auf das Konto des Zahlungsempfängers. Die wechselseitige Wertstellung erfolgt mittlerweile sehr zeitnah.

Lastschrift

Der Kunde teilt dem Zahlungsempfänger seine Bankverbindung in Form seiner IBAN mit und ermächtigt diesen, den Betrag vom Girokonto abzubuchen. Dabei hat der Zahler das Recht, bei Unstimmigkeiten das Geld innerhalb einer Frist von 8 Wochen zurückbuchen zu lassen.

Die wichtigsten Nachteile des bargeldlosen Zahlungsverkehrs:

→ Wer jederzeit bargeldlos auch hohe Beträge zahlen kann, lässt sich unter Umständen zu teuren Spontankäufen verleiten.

→ Zahlungssysteme mit zeitversetzter Abrechnung erschweren den aktuellen Überblick über die Einnahmen und Ausgaben.

→ Beim Umgang mit Geheimzahlen und Passwörtern ist besondere Vorsicht geboten, weil bei Missbrauch nach grob fahrlässigem Umgang mit Zahlungsdaten der Inhaber haftet.

BNPL – »Cooler« Kredit oder Weg in die Überschuldung?

Das Akronym BNPL steht für »Buy now, pay later«, also »Kaufe jetzt, zahle später«. Das ist das Prinzip, das im Grunde jedem Kredit zugrunde liegt. Man möchte (oder muss) sich etwas anschaffen, verfügt im Augenblick aber nicht über ausreichende Rückstellungen. Also wird die Zahlung auf einen späteren Zeitpunkt verschoben und/oder eine Ratenzahlung vereinbart. BNPL klingt geradezu revolutionär neu, ist aber eigentlich ein alter Hut.

Erinnern Sie sich noch an die Zeit, als es kein Internet gab und jeder, der den stationären Handel nicht aufsuchen wollte oder konnte (zum Beispiel, weil er auf dem Land, weit abseits der nächsten Großstadt lebte), bei einem der führenden Versandhäuser bestellte? Die Marken Quelle (Fürth) und Neckermann (Frankfurt) sind wohl den meisten noch geläufig, auch wenn diese Versandhäuser schon vor vielen Jahren vom Markt verschwanden. In der Regel kamen zweimal pro Jahr dickleibige Kataloge ins Haus, in denen dann die ganze Familie stöberte und meist auch fündig wurde. Bestellt wurde per Postkarte oder Telefon, und die Ware wurde dann auf Rechnung geliefert. Der Kunde hatte zwei Möglichkeiten: Entweder die Ware gefiel ihm, dann überwies er das Geld innerhalb des vereinbarten Zahlungsziels (meist 2 Wochen) an das Versandhaus. Oder aber die Ware gefiel nicht, dann schickte der Kunde sie wieder zurück. War mit der Retoure alles in Ordnung, wurde die Rechnung storniert. Das also war eine frühe Form von BNPL.

Heute bieten Onlinezahlungsdienstleister wie Klarna und PayPal diese Lösung an – wie man hört, mit einigem Erfolg. Allerdings nicht immer für den Kunden, wie die Geschichte der 25-jährigen

Leonie beweist – diese werde ich Ihnen gleich erzählen. BNPL ist nichts anderes als eine spezielle Form des Ratenkredits. Man bestellt bei einem Onlinehändler Ware und zahlt über einen Onlinezahlungsdienstleister, der BNPL anbietet. Gezahlt wird entweder in Raten oder aber, es wird ein längerer Zahlungsaufschub vereinbart. Da aber vor allem für die jüngere und mittlere Generation Kredit irgendwie »uncool« klingt, spricht man lieber von »Buy now, pay later«, wobei viele Kunden die Fallstricke dieser Finanzierungsform nicht verstehen. Vorab: Ein Ratenkredit, wie er von der Hausbank, besonders günstig aber auch von filiallosen Direktbanken, angeboten wird, ist in den meisten Fällen deutlich günstiger als BNPL.

Kommen wir nun zur Geschichte der 25-jährigen Leonie[40], über die der *Business Insider* im September 2022 berichtete.[41] Die junge Frau liebt schicke Kleidung. Beinahe täglich brachte der Zusteller Pakete von den einschlägigen Modehäusern. Pro Bestellung fielen schon mal Kosten von bis zu 500 Euro an. Die fälligen Ratenzahlungen schob Leonie immer wieder auf, oder aber sie erstellte einfach neue Konten. Auf diese Weise häufte sich in 3 Jahren ein Schuldenberg von rund 22 000 Euro an. Schließlich wandte sich Leonie an die Schuldenberatung und hofft nun, mit deren Hilfe ihre Verbindlichkeiten abtragen zu können.

Eine ganz ähnliche Geschichte erzählte mir vor einiger Zeit Doris F. aus der Nähe von Frankfurt. Sie ist 46 Jahre alt und arbeitet als Cheftexterin in einer Werbeagentur. Eigentlich verdient sie sehr gut, aber mit dem Einkommen wuchsen die Ansprüche. Ein teures Auto, eine trendige Wohnung, ab und zu luxuriöse Reisen und mehrmals pro Woche Restaurantbesuche. Doris F. konnte sich das zwar leisten, aber ihr Budget war »auf Kante genäht«; sprich: Was reinkam, ging auch gleich wieder raus. Da blieb kein

Spielraum, um Rücklagen zu bilden. Nun war Doris F. aber auch eine therapieresistente Schuhliebhaberin, vor allem Designerstiefel hatten es ihr angetan. Und für dieses Hobby gab sie eine Menge Geld aus. Noch mehr, als sie von BNPL erfuhr. Auch sie häufte in 3 Jahren einen Schuldenberg in fünfstelliger Höhe an. Sie tat das einzig Richtige und nahm bei einer Direktbank einen Abrufkredit auf, dessen Zinsenniveau deutlich niedriger war als das, was Doris F. an den Onlinezahlungsdienstleister zahlen musste. Mit dieser Umschuldung konnte sie ihre BNPL-Verpflichtungen tilgen. Dann hatte sie – so makaber das klingen mag – Glück und erbte ein kleineres Vermögen, mit dem sie ihre Schulden zurückzahlen konnte. Jetzt sucht Doris F. nach Feierabend lieber Mode- und Schuhgeschäfte in der Frankfurter City auf und zahlt bar:

> *»Da behält man besser den Überblick, vor allem, wenn man sich wie ich in Finanzdingen nicht so gut auskennt.«*

Der Fall Doris F. zeigt, dass keinesfalls nur junge Menschen in die BNPL-Falle tappen und auf diese Weise in eine gefährliche Schuldenspirale geraten. Die Verbraucherzentralen haben eine Checkliste erarbeitet, die jeder durchgehen sollte, der sich für BNPL entscheiden möchte (noch besser natürlich: Man zahlt entweder im stationären Handel bar oder aber im Onlinehandel auf Rechnung, denn bekanntlich sind die besten Schulden solche, die man nicht hat).

Auch die Bundesanstalt für Finanzaufsicht setzt sich kritisch mit den BNPL-Angeboten auseinander. Sie schreibt: »Seit Monaten posten junge Erwachsene in den sozialen Medien ihre Schulden, die sie beim Onlineshopping angehäuft haben. Sie haben ›moderne Ratenzahlungssysteme‹ genutzt, die suggerieren: Du kannst alles haben, was Du willst. Bezahlen kannst Du später [...]

Buy-now-pay-later-Angebote fühlen sich nicht wie Geldausgeben an. Das ist das Verführerische. Oft hilft ein einfacher Trick: Lassen Sie Ihren Einkauf erst einmal einige Tage im Warenkorb des Onlinehändlers liegen und denken Sie noch einmal darüber nach.«[42]

Was es bei BNPL zu beachten gilt[43]

1. Seien Sie sich im Klaren, dass auch Ratenkäufe Schulden sind.

2. Vermeiden Sie Zinsen und Gebühren. Fallen diese an, denken Sie über eine andere Zahlungsform nach.

3. Bei Gehaltseingang vorsorgen. Legen Sie das Geld für die Rate schon Anfang des Monats zur Seite.

4. Frühe Rückzahlung. Prüfen Sie, ob Sie den Betrag auch früher zurückzahlen können oder ob Sie sich streng an die Regeln halten müssen. Im letztgenannten Fall empfiehlt es sich, eine andere Zahlungsmethode zu wählen.

5. Erinnerungen: Stellen Sie sich Erinnerungen für die Frist Ihrer Raten ein, zum Beispiel im Kalender Ihres Smartphones. Manche Zahlungsanbieter bieten innerhalb ihrer Apps auch eine Benachrichtigungsfunktion an. Diese sollten Sie nutzen.

6. Übersicht über Ausgaben: Verschaffen Sie sich einen Überblick über Ihre Ausgaben. Welche Fixkosten haben Sie und welche Beträge stehen Ihnen noch frei zur Verfügung?

Die disziplinierende Wirkung des Bargeldes

Mancher fragt sich, weshalb am Ende des Geldes noch so viel Monat übrig ist. Diesen Kalauer kennen Sie sicher. Die Erklärung ist meist ganz einfach: Man hat über seine Verhältnisse gelebt. Und das fällt in einer bargeldlosen Gesellschaft viel leichter, als wenn Sie den »Schwund« Ihrer Geldscheine und Ihrer Münzen sozusagen täglich erleben. Am Ende des Monats ist das Portemonnaie oftmals nicht mehr dick – und dann heißt es, sich einzuschränken. Wer an der Kasse kein Bargeld mehr zur Hand hat, kann – peinlich genug – nicht alles kaufen, was er in seinen Einkaufskorb gelegt hat. Dafür macht er aber auch keine (neuen) Schulden, es sei denn, er eilt zum Geldausgabeautomaten und lässt sich Bares auszahlen. Wer mit dem Smartphone oder der Kreditkarte zahlt, hat diese Probleme nicht. Er zahlt elektronisch – und schlittert eventuell noch tiefer in den teuren Dispokredit.

Das wissen natürlich auch die Händler und Restaurantbesitzer. Schon früher, als die Händler und Gastronomen mit den mechanischen »Ritsch-ratsch-Geräten« arbeiteten, mussten die Akzeptanzstellen dieser Zahlungsweise ein Disagio, also ein Abgeld, zahlen. Daran hat sich bis heute nichts geändert, auch wenn die Zahlungsmethoden moderner (»digitaler«) geworden sind. Disagio, auch Abgeld oder Damnum genannt, wird vor allem beim Onlinekauf mit Kreditkarte oder bei der Zahlung vor Ort (Point of sale) mit Kreditkarte berechnet. Üblicherweise liegt dieses Disagio zwischen 2 und 5 Prozent. Das ist im Übrigen auch der Grund, weshalb längst nicht jeder Händler und Gastronom alle führenden Kreditkarten akzeptiert, sondern nur solche mit vergleichsweise geringem Disagio.

Diese Disagio-Gebühren werden also nicht vom Karteninhaber gezahlt (der muss ja in der Regel seine jährlichen Kartengebühren entrichten), sondern vom Händler, Gastronomen, Hotelier usw. Bleibt die betriebswirtschaftlich sinnvolle Frage, weshalb ein Verkäufer diesen Abzug vom Verkaufspreis akzeptiert. Ganz einfach: Er geht davon aus, dass sein Kunde beziehungsweise sein Gast mehr Geld ausgibt, selbst wenn er nicht genug in seinem Portemonnaie hat. Das bargeldlose Zahlen hat also für den Händler den Vorteil, dass er unter dem Strich potenziell mehr Umsatz macht und damit die Disagio-Gebühren entsprechend kompensiert.

Manche Leser wissen, dass ich seit vielen Jahren begeisterter Uhrensammler bin. Habe ich ein Objekt meiner Begierde ausgemacht, gehe ich oft nach folgender Strategie vor: Ich frage den Verkäufer, ob er Kreditkarten akzeptiere. Stimmt er zu, schaue ich mir die Uhr noch eine Weile an und frage dann, welchen Preis er mir für Barzahlung machen könne. Dann erhalte ich mindestens einen Nachlass in Höhe des Disagios. Warum auch nicht? Der Händler hat sofort Bargeld in der Kasse – und zwar so viel, wie er vom Kreditkartenunternehmen nach Abzug des Disagios erhielte, und ich habe etwas Geld gespart. Auf diese Weise profitieren Händler und Käufer und nicht das Kreditkartenunternehmen. Auf Neudeutsch: eine Win-win-Situation. Und ich als Barzahler weiß immer, ob ich mir das eine oder andere noch leisten kann.

Bargeld als pädagogisches Mittel

Vor einigen Jahren twitterte die Schülerin Naina: »Ich bin fast 18 und hab' keine Ahnung von Steuern, Miete und Versicherungen. Aber ich kann eine Gedichtanalyse schreiben. In 4 Sprachen.« Na toll. Schade nur, dass man mit Gedichtinterpretationen keine

Wohnung mieten und keinen Versicherungsschutz abschließen kann. Und mit großer Wahrscheinlichkeit wird auch das Finanzamt keine Gedichtanalysen anstelle von Steuerzahlungen akzeptieren. Die Botschaft war klar: Naina wollte auch Praktisches fürs (Über)Leben lernen. Diese Twitter-Botschaft stieß auf so viel Resonanz, dass sich am Ende sogar die damalige Bundesbildungsministerin zu Wort meldete. Der Jugend müsse unbedingt mehr Wirtschafts- und Finanzkompetenz vermittelt werden, hieß es. Die grün-alternative Lehrerschaft, so steht zu befürchten, hält Disagio ohnehin für ein italienisches Nudelgericht.

Doch Spaß beiseite. Wenn viele junge Menschen ohne ausreichendes Finanzwissen von der Schule abgehen, weil die links-grüne Lehrerschaft den Kapitalismus für klimaschädigendes Teufelszeug halten, dann ist zumindest die Gefahr groß, dass diese Jugendlichen und jungen Erwachsenen den richtigen Umgang mit Geld erst noch nach dem Prinzip »trial and error« lernen müssen.

Eine Möglichkeit, Kinder und Jugendliche an den wirtschaftlichen Umgang mit Geld heranzuführen, ist das Taschengeld. Wie heißt es doch auf einer Webseite des Bundesministeriums für Familien, Senioren, Frauen und Jugend? »Ob Sie Ihrem Kind Taschengeld geben und wie hoch dieses Taschengeld ist, ist allein Ihre Entscheidung, denn es gibt dazu keine gesetzlichen Regelungen. Taschengeld ist aber wichtig, damit Ihr Kind lernt, mit Geld umzugehen.«[44] Und was wäre dafür besser geeignet als Bargeld? Nach jedem Kauf stellt das Kind fest, dass es immer weniger Münzen und Scheine in seiner kleinen Geldbörse hat. Dieses Gefühl kann keine Prepaid-Karte, auf welche die Eltern zu Beginn eines jeden Monats das Taschengeld überweisen, noch ein Smartphone vermitteln. Nur Bargeld ist konkret. Elektronisches Geld ist abstrakt.

Der Mainzer Finanzstratege und Sachbuchautor Antonio Sommese vertritt die Meinung, wer kein Bargeld mehr in die Hand nehme, verliere leicht die Bodenhaftung. Kinder und Politiker haben nach seiner Meinung eine finanzielle Gemeinsamkeit – Bargeld helfe ihnen, den Wert des Geldes zu verstehen. »Manch eine Entscheidung würde vermutlich anders ausfallen, wenn die zuständigen Politiker die Euro-Bündel aufgestapelt sähen, die sie arglos verteilen, statt nur abstrakte Zahlen auf einem Computerausdruck«, schreibt Sommese. Eine ähnliche Erfahrung machten Kinder, wenn sie lernten, dass 50 nicht gleich 50 sei, sondern dass es einen gravierenden Unterschied ausmache, ob man 50 Euro oder 50 Cent in der Tasche habe.

»Taschengeld ist wichtig, damit Ihr Kind lernt, mit Geld umzugehen.«

Die Diskussionen um die Abschaffung von Bargeld hält Antonio Sommese daher für fatal bei der Erziehung der Heranwachsenden in Sachen Wirtschaftskompetenz. »Ohne Bargeld, das sie in die Hand nehmen und wertschätzen können, verlieren Kinder und Jugendliche leicht die finanzielle Bodenhaftung und machen sich die Leichtigkeit des Geldes der politischen Kaste zu eigen«, befürchtet der Finanzstratege.[45]

Franz Josef Strauß, sicher einer der eloquentesten deutschen Politiker der Nachkriegszeit, wusste sehr genau, dass man ab und zu abstrakte Summen dadurch begreifbar machen muss, dass man sie in die Welt des Bargeldes übersetzt. Die Staatsverschuldung des Bundes Anfang der 1980er-Jahre machte er anhand des folgenden Vergleichs auch für Nichtökonomen nachvollziehbar:

> »Ich weiß, dass der Bürger im Allgemeinen sich unter Staatsverschuldung keine rechten Vorstellungen machen kann. Ich habe wieder jemand gefragt, wie hoch der Berg ist, wenn man nagelneue, also den geringsten Umfang beanspruchende 1000-DM-Scheine aufeinanderlegt bis zur Höhe unserer jetzt schon sicheren Nettoverschuldung allein des Bundes in diesem Jahr. Dann kommen die fantasievollsten Zahlen heraus. Es ist ein Berg vom Meeresspiegel auf 3500 Meter Höhe.«[46]

Heutzutage sprechen Politiker nicht mehr von (Neu)Schulden, sondern von »Sondervermögen«. Ein fataler Euphemismus, mit dem den Bürgern (und Wählern) Sand in die Augen gestreut werden soll. »Sondervermögen« sind »Sonderschulden« – und sonst gar nichts.

Geld-Feuilleton II:
Die kuriosesten Banknoten

In Zeiten, als es weder Fernsehen noch überregional verbreitete Zeitungen und erst recht kein Internet gab, hatten die Herrscher von dazumal nur eine Möglichkeit, ihren Bürgern ihr Konterfei zu präsentieren: Sie ließen es auf Münzen prägen. Und jeder, der mit seinen Talern, Gulden oder sonstigem Geld im Wirtshaus sein Bier bezahlte, hatte noch kurz Gelegenheit, einen achtungsvollen Blick auf den staatsmännisch dreinschauenden Monarchen zu werfen.

Auf deutschen Banknoten jedoch tauchte kein Regierender auf. Und auf den Euro-Scheinen sind Bauwerke zu sehen, die es gar nicht gibt. Deutsche Regierungschefs schafften es allenfalls auf Briefmarken. Doch keine Regel ohne Ausnahme. Im 19. Jahrhundert räumte das Deutsche Reich der Deutsch-Ostafrikanischen Gesellschaft das Recht ein, in den damaligen Kolonien eigene Banknoten zu drucken. Die Geldscheine mit Nennwert von 50, 100 und 500 Rupien wurden von Bildern des deutschen Kaisers geziert. Die 100-Rupien-Note zeigte den Monarchen etwa in Kürassieruniform.

Man mag darüber streiten, ob dieser Geldschein dadurch besonders ästhetisch wirkte. Sammler exotischer Geldscheine bestreiten dies mehrheitlich und geben ganz anderen Banknoten individuelle Schönheitspreise. Besonders hoch im Kurs steht zum Beispiel der Surinam-P.150-Schein mit einem Nennwert von 500 Gulden. Der Geldschein aus der kleinen südamerikanischen Republik zeigt auf der Vorderseite einen

orangefarbenen Felsenhahn. Dies ist in der Tat ein echter
Paradiesvogel, der vor allem in den gewässerreichen
Gegenden Südafrikas lebt.

Nicht besondere Schönheit, sondern schiere Größe sicherte
der auf den Philippinen ausgegebenen 100 000-Piso-Note
einen festen Platz im Reigen kurioser Banknoten. Der Schein
ist 35,6 Zentimeter breit und 21,6 Zentimeter hoch. Um ihn
im Portemonnaie unterzubringen, müsste man ihn wohl
falten wie einen Beipackzettel in der Arzneischachtel. Aber
diese unbestritten größte Banknote der Welt diente auch
nicht dem Zahlungsverkehr. Vielmehr handelte es sich um
eine Gedenknote, die an die Unabhängigkeit der Philippinen
im Jahr 1898 erinnerte.

Die kleinste bisher gedruckte Banknote sieht hingegen aus
wie eine Briefmarke. Sie misst 33 mal 45 Millimeter und er-
schien in Rumänien während des Ersten Bürgerkriegs. Sie war
nur für kurze Zeit im Umlauf. Im ehemaligen Jugoslawien
wurde in den 1990er-Jahren ein Rekord der besonderen Art
aufgestellt: Die Notenbank ließ die Banknote mit der längsten
Ziffernfolge drucken. Der Geldschein hatte einen offiziellen
Wert von 500 Milliarden Dinar – eine Zahl mit elf Nullen. Ob
es wirklich reiner Zufall war, dass diese Banknote mit einem
Porträt des serbischen Dichters und Arztes Jovan Jovanović
geschmückt wurde? Immerhin schrieb er politische Satiren.

Mit den »schönen Scheinen« könnte es nach einer Bargeldabschaffung schnell vorbei sein. Dann gibt es nur noch Plastik
und Apps.

6.

ARGUMENTE FÜR UNSER BARGELD

»Bar oder mit Karte?« Sie kennen diese Frage, die man uns ständig an den Supermarktkassen stellt. Ich pflege dann laut und deutlich zu sagen: »Selbstverständlich bar. Nur Bargeld lacht.« Das ist ein ganz persönliches Statement, manche Kunden, die hinter mir in der Schlange stehen, empfinden das aber bisweilen als Provokation. Manche murmeln dann irgendetwas wie: »Ich dachte, die Barzahler seien ausgestorben.« Andere mustern mich mit strafenden Blicken und denken wohl insgeheim: »Wahrscheinlich so ein Rechter, der auch den Klimawandel leugnet, Fleisch und Wurst isst und etwas gegen Flüchtlinge hat.« Das eine hat mit dem anderen zwar nichts zu tun, aber gehirngewaschene Linke neigen nicht zur Differenzierung.

Während der Coronakrise, als die Supermarktkunden ihre Gesichter hinter Masken verbergen mussten und man von den Verkäuferinnen gemaßregelt wurde, wenn diese Masken nicht korrekt saßen oder man versehentlich nicht den Mindestabstand einhielt, wurde der Ton aggressiver. Wie Sie sich vorstellen können, liebe Leserinnen, liebe Leser, nahm ich die Aufforderung der Marktleitung (»Bitte zahlen Sie *nach Möglichkeit* mit Karte«) zwar freundlich zur Kenntnis, zahlte aber nach wie vor mit Scheinen und Münzen, was mir von manchen anderen Kunden dann den Vorwurf einbrachte, ich sei so etwas wie eine »Virenschleuder« und verhalte mich unverantwortlich gegenüber meinen Mitmenschen. Entweder ich überhörte diesen Stuss, oder aber ich gestattete mir die Frage, weshalb das Coronavirus ausgerechnet in China ausgebrochen sei – einem Land, in dem zumindest in den Großstädten bargeldlose Transaktionen so gut wie abgeschafft sind.

Sogar die Polizei weigert sich inzwischen, Verwarngelder ab einer bestimmten Höhe noch bar zu kassieren. Vor Ort dürfen schon

Sogar die Polizei weigert sich inzwischen, Verwarngelder ab
einer bestimmten Höhe noch bar zu kassieren

seit einiger Zeit nur noch Verwarngelder bis 55 Euro entgegen-
genommen werden. Die Barzahlung ist dabei in der Regel ausgeschlossen beziehungsweise vereinzelt nur direkt auf den zuständigen Polizeidienststellen möglich.[47]

Inzwischen verweigern auch manche Einzelhandelsketten die
Annahme von Bargeld. So nimmt die deutsche Technikkette
Gravis, die eng mit dem US-amerikanischen Apple-Konzern
kooperiert, seit Januar 2023 keine Barzahlungen mehr entgegen.
Das gilt für alle vierzig Filialen in Deutschland, und zwar unabhängig vom Einkaufswert. Das bedeutet konkret: Auch wer
bei Gravis nur ein Zubehörteil zum Preis von wenigen Euros er-

stehen möchte, darf nicht mehr mit Münzen und Scheinen zahlen. Und warum das Ganze? Weil, wie die »woken« Marketingmanager von Gravis zu wissen glauben, der Anteil von Barzahlungen schon seit rund 2 Jahren »zu vernachlässigen« sei.[48] Ein höchst interessantes Statement: Kunden – auch wenn sie in der Minderheit sein sollten – sind also »zu vernachlässigen«. Wären es keine Kunden, sondern Migranten oder Black-lives-matter-Aktivisten, so handelte es sich dabei vermutlich um verachtenswerten Rassismus. Barzahler hingegen dürfen von angeblich »woken« Zeitgenossen ungestraft diskriminiert werden. Denn tatsächlich sind Bargeldrestriktionen und vor allem Bargeldverbote nichts anderes als die Diskriminierung einer Zahlungsmethode sowie eine Diskriminierung jener Menschen, die weiterhin mit Bargeld zahlen möchten.

Tatsache ist: Seit Anfang 2023 kann niemand mehr technische Geräte oder Zubehör anonym bei Gravis kaufen. Das zur Freenet AG gehörende Unternehmen ist ein starker Vertriebspartner von Apple (Eigendarstellung: »Deutschlands größte autorisierte Apple-Handelskette« und »größter zertifizierter Apple-Serviceleister in ganz Europa«). Und Apple ist bekanntermaßen eine starke Kraft in der Anti-Cash-Allianz. Die Kunden sollen eben gefälligst mit Apple Pay zahlen. Die passende Antwort: Gravis und die ohnehin meist überteuerten Apple-Produkte boykottieren!

Vielleicht hätten die Verantwortlichen von Gravis vor ihrer Entscheidung eine im Januar 2023 veröffentlichte Studie der Direktbank ING lesen sollen, die auf einer Umfrage vom November 2022 basiert. Unter der Überschrift »Der Corona-Cashless-Schub ist vorbei« heißt es in einer entsprechenden Pressemitteilung:

»Der Corona-Cashless-Schub ist vorbei

Die Bargeldpräferenz deutscher Verbraucher bei alltäglichen Ausgaben nimmt nur noch langsam ab. Die Deutschen und ihr Bargeld, das war lange eine ganz besondere Beziehung. Münzen und Scheine waren den Konsumenten hierzulande stärker ans Herz gewachsen als anderswo in Europa. Als mit Eintritt der Corona-Pandemie 2020 Kontaktvermeidung das Gebot der Stunde war, nahm die bevorzugte Nutzung von Bargeld deutlich ab. Wer aber angenommen hatte, dass Deutschland mit diesem Anschub nun auf dem schnellsten Weg zur bargeldlosen Gesellschaft sei, sah sich getäuscht: Bereits 2021 fiel der Rückgang der Bargeldpräferenz bei einer Reihe alltäglicher Ausgabenarten sehr viel geringer aus. In einer repräsentativen ING-Umfrage vom November 2022 zeigt sich nun, dass sich das Tempo des Rückgangs weiter verlangsamt hat.

→ Seit 2020 zahlen drei von fünf Deutschen ihren regelmäßigen Einkauf im Supermarkt üblicherweise bargeldlos. Daran hat sich seitdem nichts geändert, der Anteil stagniert.

→ Bei anderen alltäglichen Ausgabenarten zückt über die Hälfte der Deutschen in der Regel noch Scheine und Münzen, bei Taxifahrten liegt der Anteil noch über 70 Prozent.

→ Die Bargeldpräferenz war und ist eine Generationen-
frage: Ähnlich groß wie der Unterschied zwischen den
verschiedenen betrachteten Ausgabenarten ist auch
der zwischen jüngeren und älteren Konsumenten.
Allein schon aus demografischen Gründen ist daher
klar: Der Trend mag sich verlangsamen, aber mit einer
Umkehr ist nicht zu rechnen.«[49]

Was den letzten Satz angeht, mag wohl auch der Wunsch Vater
des Gedankens sein, denn die ING-Bank (früher ING-DiBa) ist
eine filiallose Direktbank, deren Geschäftsmodell weitgehend
auf bargeldlosen Transaktionen beruht.

Was sollen wir nicht noch alles hinnehmen? Man hat den Deutschen die D-Mark, den Österreichern den Schilling und den Nie-
derländern den Gulden genommen – seinerzeit durchweg stabile und international geschätzte Währungen, die wesentlich zum
Wohlstand der jeweiligen Länder beitrugen. Wir wurden mit dem
Euro zwangsbeglückt und dürfen Pleitestaaten im Euroraum vermutlich jahrzehntelang über Wasser und die verantwortlichen
Politiker in ihren Ämtern halten. Weil diese Länder nicht in der
Lage sind, die Zinsen für ihre exorbitant hohen Staatsschulden zu
zahlen, wurden die Leitzinsen lange Zeit unter die Nulllinie ge-
drückt. Sparer mussten »Verwahrentgelte« für ihre Einlagen zah-
len. Welch ein Euphemismus! Der Begriff »Strafzinsen« trifft die
Abzocke der Bankkunden schon eher.

Dann kam es, wie es kommen musste, und die Inflation erreichte auch in Deutschland neue Rekordwerte. Angesichts dieser galoppierenden Geldwertvernichtung zogen die führenden Notenbanken in den USA und in Europa die Zügel wieder an – mit der Folge steigender Zinsen. Doch selbst, wenn im Laufe des Jahres 2022 die Strafzinsen abgeschafft und den Sparern wieder Magerzinsen von weniger als 2 Prozent pro Jahr zugestanden wurden, setzt sich die schleichende Enteignung fort. Denn die Rechnung ist einfach. Selbst bei 2 Prozent Zinsen und einer Inflationsrate von »nur« noch 7 Prozent verliert der Sparer Jahr für Jahr 5 Prozent. Was das konkret bedeutet, zeigt folgendes Praxisbeispiel:

Angenommen, Sie haben 30000 Euro auf Ihrem Sparkonto; die Inflationsrate liegt bei rund 7 Prozent, und von Ihrer Bank bekommen Sie 2 Prozent Zinsen. Bleibt unter dem Strich ein Verlust von 5 Prozent pro Jahr. Für die Zinserträge müssen Sie, sofern Sie den Sparerfreibetrag von 1000 Euro für Singles und 2000 Euro für Ehepaare überschreiten, Steuern zahlen. Bei unserer Berechnung lassen wir den steuerlichen Aspekt einmal außen vor. Unter den genannten Rahmenbedingungen entsprechen Ihre Einlagen von 30 000 Euro nach 3 Jahren nur noch einer Kaufkraft von etwa 25 915 Euro (berechnet nach *www.zinsen-berechnen.de/ inflationsrechner.php*).

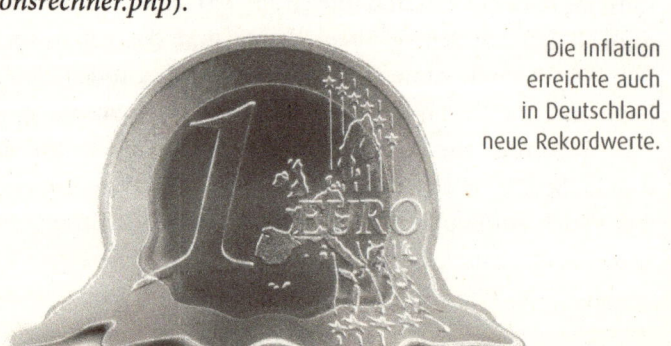

Die Inflation erreichte auch in Deutschland neue Rekordwerte.

Der Raub des Bargeldes

Man hat uns in der Konsequenz der Null- und Negativzins-
politik eine angemessene Verzinsung unserer Ersparnisse genommen und eine ausreichende Altersversorgung damit erheblich erschwert, wenn nicht gar unmöglich gemacht. Und nun?
Nun will man uns noch als Gipfel der Dreistigkeit in die Porte-
monnaies greifen und das Bargeld rauben. Wollen wir uns auch
das noch gefallen lassen? Ich meine, es gibt eine Reihe von guten Gründen, gegen Bargeldverbote zu kämpfen, selbst wenn
man nicht unbedingt ein Freund des Euros sein sollte. Auf den
nachfolgenden Seiten gebe ich Ihnen einige Tipps, was auch Sie
ganz konkret tun können, um sich gegen die drohenden Bargeldverbote zu wehren.

Doch zunächst zur Frage, welche guten Gründe aus meiner Sicht für die Beibehaltung von Bargeld sprechen. Hier die Zusammenfassung der wichtigsten Argumente:

Weshalb es sich lohnt, für unser Bargeld zu kämpfen

1. Es geht um unsere finanzielle Selbstbestimmung. Wer sein Geld redlich verdient, muss autonom darüber entscheiden können, wie und wofür er es ausgibt. Kein Zahlungssystem darf diskriminiert werden. Doch genau dies geschieht bereits, wenngleich noch in subtiler Form. Ist Ihnen schon einmal aufgefallen, dass Sie in manchen Städten das Ticket für den öffentlichen Personennahverkehr günstiger bekommen, wenn Sie mit Karte zahlen? Wer hingegen Münzen in den Automaten wirft, muss mehr berappen. Mit welchem Recht werden Kartenzahler bevorzugt? Noch gibt es eine Annahmeverpflichtung für Euro-Scheine und -Münzen, sie sind in der gesamten Euro-Zone das gesetzliche Zahlungsmittel. Wieso wird bestraft, wer mit einem gesetzlichen Zahlungsmittel sein Ticket ersteht? Natürlich geht es nur um ein paar Cent – und deshalb gab es an diesen Usancen bislang keine Kritik. Wer will sich schon wegen solcher Kleinigkeiten aufregen? Doch sieht man von bestimmten Formen des Handels (beispielsweise bei Internetkäufen) einmal ab, soll und darf uns niemand vorschreiben, wie wir unsere Rechnungen bezahlen.

2. Bargeld in der Tasche macht darüber hinaus unabhängig von immer mal wieder auftretenden technischen Problemen.

Hierzu möchte ich Ihnen eine kleine persönliche Anekdote erzählen: Es war in der hektischen Vorweihnachtszeit, wenige Tage vor Heiligabend. Nach einem Termin in Stuttgart ging ich zurück zum Hauptbahnhof. Da ich noch etwas Zeit hatte, suchte ich einen Juwelier in der Innenstadt auf und betrachtete mir dessen Auslagen. Dabei entdeckte ich ein Uhrenmodell, das mich schon lange fasziniert hatte. Ich ließ mir den tollen Zeitmesser zeigen, überlegte eine Weile und entschloss mich zum Kauf, schließlich war bald Weihnachten, und nach einem arbeitsreichen Jahr muss man sich ab und zu selbst belohnen. Auch als Bargeldfan habe ich natürlich nie so viel Geld dabei, um solche spontanen Anschaffungen in bar zahlen zu können. Ich reichte dem Verkäufer also meine Kreditkarte. Peinlicherweise hatte ich jedoch meine neue PIN vergessen. Eine Zahlung mit Kreditkarte war somit ausgeschlossen. Kein Problem, ich reichte dem Juwelier die Debitkarte (ehemalige EC-Karte) meiner

Hausbank. Doch auch damit war die Transaktion nicht möglich. Wie man sich in solchen Situationen fühlt, muss ich an dieser Stelle sicher nicht ausführen. Glücklicherweise befand sich eine Filiale meiner Hausbank in der Nähe. Dort wurde mir gesagt, dass wegen eines Netzwerkproblems vorübergehend keine Zahlungen per Debitkarte möglich seien. Aber in Kürze solle alles wieder funktionieren. Ich wollte mich darauf nicht verlassen, ließ mir den Betrag in bar auszahlen und brachte das Geld dem Juwelier, der nun wohl nicht mehr an meiner Bonität zweifelte (sofern er es jemals getan hatte).

3. Damals nahm ich mir vor, meine Karten noch seltener einzusetzen. Sicher kennen Sie das auch: Sie stehen im Supermarkt an der Kasse – und plötzlich stockt der Ablauf, weil irgendjemand selbst einen Minibetrag mit Karte bezahlen möchte. Doch dann funktioniert die Zahlung nicht. Mehrere Versuche schlagen fehl, die Schlange vor der Kasse wird länger und länger. Erst nach einer wiederholten Reinigung des Magnetstreifens kann der Betrag von 8,75 Euro endlich abgebucht werden. Solche banalen Alltagsgeschichten beweisen zumindest eines: Unbar zu zahlen, ist nicht immer einfacher und schneller. Ich weiß nicht, wie es Ihnen geht – ich aber fühle mich allemal wohler, wenn ich genug Bargeld in der Tasche habe, um meine Rechnung im Fall der Fälle auch in bar begleichen zu können. Diese Entscheidungsfreiheit – bar oder unbar – möchte ich mir nicht nehmen lassen, und zwar unabhängig von der Höhe des Rechnungsbetrags. Wenn ich es will, möchte ich sogar mein nächstes Auto noch in bar bezahlen können.

4. Wie an anderer Stelle bereits ausgeführt, würden wir aber nicht nur für die Behörden zu »gläsernen Bürgern«, sondern auch für die Marketingstrategen der unterschiedlichsten Anbieter. Viele Menschen möchten zum Beispiel in der Apotheke lieber in bar zahlen. Deshalb scheuen sie sich auch, Medikamente bei Versandapotheken zu bestellen, trotz kleinerer Preisvorteile. Sie möchten einfach ausschließen, dass irgendjemand irgendwo registriert, welche Arznei sie erwerben, und Schlüsse auf bestimmte Erkrankungen zieht.

5. Es geht schließlich um unsere Privatsphäre gegenüber den immer rabiater werdenden Methoden der Steuerbehörden. Auch bei der Finanzverwaltung hat die Digitalisierung der Gesellschaft längst Einzug gehalten, und zwar in Form der Schnüffelsoftware »Risikomanagementsystem Veranlagung 2.0«. Manche sprechen bereits von der gezielten Rasterfahndung seitens der Finanzbehörden. Das Einzige, was dabei noch etwas stört, ist das Bargeld. »Er [der Staat, Anm. d. Verf.] macht seinen Bürger vom Souverän wieder zum Untertan – mithilfe einer Finanzverwaltung, die sich nicht als demokratisch legitimierte und rechtsstaatlich gebändigte Exekutive im Interesse des Bürgers versteht, sondern als autokratische, selbstbezogene und allmächtige Entscheidungsinstanz darüber, wer welche Steuern in welchem Umfang, wann und wo zu entrichten hat«, schreibt der Steuerjurist Peter Lüdemann.

6. Kein Mensch darf gezwungen werden, sein Geld auf einem Bankkonto zu belassen. Wer will, muss jederzeit

Es ist es das gute Recht aller Menschen, ihre Sparguthaben
entweder anderweitig zu investieren oder aber komplett abzuheben
und an einem sicheren Ort aufzubewahren

und in vollem Umfang über sein Guthaben verfügen
können, ohne seiner Bank Rechenschaft schuldig zu
sein. Sollten die Banken für Privatkunden negative Zinsen
einführen, ist es das gute Recht der Betroffenen, ihre
Sparguthaben entweder anderweitig zu investieren –
zum Beispiel in Aktien oder Gold – oder aber komplett
abzuheben und an einem sicheren Ort aufzubewahren.
Das setzt freilich voraus, dass es nach wie vor Bargeld
gibt. Wenn wir es zulassen, dass uns Staat und Notenbanken das Bargeld abnehmen, müssen wir uns nolens
volens schleichend enteignen lassen. Barauszahlungen
sind dann nicht mehr möglich.

7. Wenn es kein Bargeld mehr gibt, sind den Exzessen in der Geldpolitik der Notenbanken Tür und Tor geöffnet. Bargeld bietet Schutz vor der direkten Enteignung. Keine Frage: Die Staaten brauchen dringend Geld. Nach einer Statistik der OECD ist die öffentliche Schuldenquote ihrer Mitglieder im Durchschnitt mittlerweile höher als nach dem Zweiten Weltkrieg. Machen Sie sich bitte keine Illusionen – im Zweifelsfall wird sich der Staat das Geld bei Ihnen holen. Wir sprechen jetzt nicht von der schleichenden Enteignung durch finanzielle Repression, sondern von Sondersteuern und Abgaben. Die deutsche Wiedervereinigung liegt mittlerweile über 3 Jahrzehnte zurück. Doch den sogenannten Solidaritätszuschlag (als »Soli« verniedlicht) gibt es noch immer, wenngleich nur noch für die sogenannten Besserverdiener. Diese Praxis hat der Bundesfinanzhof (BFH) Ende Januar bestätigt. Der Soli für Besserverdiener sei »noch« mit dem Grundgesetz vereinbar (Urteil vom 30. Januar 2023, IX R15/20). Und wer weiß, vielleicht werden gerade die Deutschen schon bald mit einem »Ukraine-Soli« zur Kasse gebeten. Vielleicht droht auch eine *capital levy*, also eine einmalige Vermögenssteuer zur Senkung der extrem hohen Verschuldung in Europa. Der Internationale Währungsfonds (IWF) fantasierte schon im Jahr 2014 von einer derartigen Maßnahme. Eine solche Zwangsabgabe ließe sich nach einer Bargeldabschaffung viel einfacher durchsetzen. Die Sparer und Anleger hätten keine Möglichkeit mehr, Bargeld einfach abzuheben. Ihre gesamten Ersparnisse wären bekannt, und der Fiskus bräuchte nur noch abzubuchen. »Ein vollelektronisches Geldsystem – völlig transparent, ohne jeglichen Schutz der Privatsphäre bei Transaktionen und mit dem ständigen Risiko einer Enteignung durch den Staat – bedeutet, dass Geld kein privates Eigentum mehr sein wird«, schrieb der im Oktober 2015 im Alter von nur 48 Jahren verstorbene Alfred Höfert, ehemaliger Chefökonom der Schweizer Großbank UBS, 2014 in der Schweizer *Weltwoche*.

8. Nur bei einer Beibehaltung des Bargeldes können Sie Ihr redlich verdientes Geld zumindest teilweise vor solchen möglichen Zwangsmaßnahmen des Staates schützen, indem Sie eine eiserne Reserve in bar an einem sicheren Ort aufbewahren. Gute Tipps finden Sie hierzu in meinem Buch *In Sachwerte investieren und diese sicher aufbewahren*. Darin erfahren Sie unter anderem, weshalb es sinnvoller ist, Bargeld in Wertschließfächern von privaten Anbietern (zum Beispiel Degussa) aufzubewahren als in Bankschließfächern.

9. Es ist ein ziemlich naiver Glaube, dass Banken generell sicher seien. Das sollten wir in Deutschland spätestens seit dem Jahr 1974 wissen, als die bis dahin renommierte Kölner Herstatt-Bank zusammenbrach. Unter den damals rund 50 000 Kunden dieses Geldinstituts – darunter die Stadt Köln und die katholische Kirche – brach Panik aus. Aufgebrachte Sparer drohten, das Gebäude zu stürmen, um ihr Geld abzuheben. In jüngerer Vergangenheit gerieten unter anderem die britische Bank Northern Rock sowie Geldinstitute in Island und auf Zypern in die Insolvenz. In den meisten Ländern sind Einlagen nur bis zu einer Höhe von 100 000 Euro abgesichert. Daraus folgt: Bargeld ist sicherer als das auf ein Konto bei einer Geschäftsbank eingezahlte Geld. Ein Bargeldverbot würde mithin zu einer totalen Abhängigkeit von Ihrer Hausbank führen.

10. Keine Ausgrenzung von Bürgern. Nicht wenige Menschen besitzen kein Bankkonto. Davon betroffen sind in der Regel Minderheiten wie Personen mit mangelnder Kreditwürdigkeit und ohne festen Wohnsitz. Und auch dieser Hinweis sei an dieser Stelle erlaubt: Wie steht es eigentlich mit der allenthalben – nicht zuletzt in den Medien – bejubelten »Willkommenskultur« für Flüchtlinge, die sich bereits auf ihr Taschengeld in »Germany« freuen? Will man ihnen künftig vielleicht Prepaid-Kreditkarten aushändigen? Nicht zu vergessen die älteren Mitbürger, die vielfach Probleme mit den modernen Zahlungssystemen haben und sich nicht mehr umstellen wollen oder können. Insofern ist die Beibehaltung von Bargeld auch eine Form von Minderheitenschutz.

In einem Buchbeitrag mit dem Titel »In dubio pro Euroschein« hat sich Julia Pitters, Professorin für Wirtschaftspsychologie an der IU Internationale Hochschule Erfurt und Trendforscherin bei Pitters Trendexpert (Wien), mit dem psychologischen Wert des Bargeldes auseinandergesetzt. Drei Aspekte erscheinen mir besonders interessant.

Erstens: Das Bargeld aktiviere ein Belohnungszentrum im Gehirn des Menschen, schreibt die Wissenschaftlerin. Während Geld oder Goldmünzen diesen Belohnungsreflex unmittelbar aktivierten, müsse das alternative Zahlungsmittel erst als Geld wahrgenommen werden, konstatiert die Wirtschaftspsychologin. Je abstrakter die Zahlungsform ist, desto schwächer ausgeprägt ist demzufolge der Belohnungseffekt.

Zweitens stehe vor allem im deutschsprachigen Raum Bargeld für Tradition. Viele gesellschaftliche Ereignisse seien unmittelbar mit der Haptik des Bargeldes verknüpft – sei es der Klang einer Münze, der Wurf einer Münze in den Brunnen oder die Geldspende an Musikanten. Auch der Anblick von Geldscheinen löst bei den meisten Menschen Assoziationen aus. Sie verbinden damit materiellen Wohlstand. Gleichzeitig ist Geld aber bekanntermaßen ein Tauschmittel. Wer viel Geld »hinblättert«, wie es umgangssprachlich so treffend heißt, ersteht normalerweise eine Ware von hohem Gegenwert. Sicher kennen Sie, liebe Leserinnen, liebe Leser, die beliebte Trödelshow *Bares für Rares* mit Horst Lichter. Sobald sich Händler und Verkäufer handelseinig sind, folgt stets das gleiche Ritual: Der Händler beziehungsweise die Händlerin greift in die Brieftasche, holt ein Bündel Geldscheine heraus, zählt den Kaufpreis ab und legt das Geld mehr oder minder theatralisch auf einen Tisch. Und beide Parteien sind glücklich. Gäbe es nur noch Karten- und Handyzahlungen, müsste nicht nur der Titel der Sendung geändert werden, vielmehr büßte die Show viel an ihrer so erfolgreichen Dramaturgie ein. Nicht zuletzt verbinden wir mit Bargeld auch individuelle Freiheit. Das brachte schon der russische Schriftsteller Fjodor Dostojewski auf den Punkt, als er feststellte: »Geld ist geprägte Freiheit.«

Drittens vereint nach Ansicht von Julia Pitters »das Auszahlen von Bargeld die Bürger durch seinen Symbolcharakter gemeinsamer Erinnerungen. Nach der deutschen Währungsreform im Juni 1948 konnte jeder Bürger zunächst 40 Reichsmark in 40 Deutsche Mark umtauschen. In Erinnerung bleibt auch das Begrüßungsgeld, das nach dem Fall der Mauer in Berlin im November 1989 den meisten der 16 Millionen DDR-Bürger in Form von 100 D-Mark in bar ausgezahlt wurde.« Die Bilder von den mit 100-D-Mark-Scheinen winkenden DDR-Bürgern gingen um die Welt.

Ein anderes Beispiel: Im Jahr 2022 zahlte der Staat eine Energie-preispauschale von 300 Euro an Arbeitnehmer und später auch an Rentner. Der Betrag wurde aufs Konto überwiesen, die Menschen hatten das Geld nicht in ihren Händen. In vielen Fällen floss das Geld nicht in die Rücklagen für die zu erwartenden hohen Abrechnungen für den Energieverbrauch, sondern diente als willkommenes zusätzliches Taschengeld für den Urlaub.

Am Ende ihres Buchbeitrags kommt Frau Professor Pitters zu folgendem Fazit: »Aus psychologischer Perspektive gibt es also diverse Argumente, die die Beibehaltung und Verwendung von Bargeld neben alternativen Zahlungsformen unterstützen. Bargeld hat sich in den letzten Jahrzehnten als funktionierendes System bewährt. Nach dem Motto ›Never Change a Running System‹ gibt es noch keinen Anlass für Disruption.«[50]

Schnüffelstaat: Millionen von Kontenabfragen

Schließlich sollten Sie immer bedenken, dass die Schnüffelgier des Staates keine Grenzen kennt. Mitte Januar 2023 berichtete der Insiderdienst *Finanz-Szene*, der Zugriff deutscher Behörden auf die Stammdaten von Bankkonten habe einen neuen Rekordwert erreicht. Nach Angaben des Bundesfinanzministeriums kam es 2022 zu exakt 1 142 926 Abfragen. Das waren noch einmal gut 2300 mehr als im Jahr zuvor.[51] Und das – wohlgemerkt – unter einem Finanzminister, der für sich in Anspruch nimmt, ein »Liberaler« zu sein. Die automatisierte Kontoabfrage war im Jahr 2005 eingeführt worden. Damals gab es jährlich etwa 60 000 Zugriffe. Seither hat sich die Zahl mithin verzwanzigfacht.

Erinnert sei in diesem Zusammenhang an den Koalitionsvertrag der sogenannten Ampelregierung, in dem es heißt: »Die Eingriffe des Staates in die bürgerlichen Freiheitsrechte müssen stets gut begründet und in ihrer Gesamtwirkung betrachtet werden.« Und Bundesjustizminister Marco Buschmann (FDP) führte auf dem virtuellen Neujahrsempfang 2022 des Deutschen Anwaltvereins aus: »Es geht darum, Freiheit und Sicherheit in eine grundrechtsorientierte neue Balance zu bringen.« Die Zahlen und Fakten sprechen leider eine andere Sprache.

Dass die Steuerfahnder nach Verstärkung rufen, ist aus deren Sicht zwar verständlich, aber wollen wir wirklich mehr Überwachung, wollen wir wirklich, dass weite Teile der Bevölkerung unter Generalverdacht gestellt werden? Die Düsseldorfer Steuerfahnderin Birgit E. Orths etwa lamentiert in ihrem Anfang 2023 erschienenen Buch: »Es mangelt [in der Steuerfahndung, Anm. d. Verf.] massiv an Personal, weil keine Anreize geschaffen werden. Die Beförderungsaussichten sind bei der Steuerfahndung potenziell sogar schlechter als in anderen Bereichen der Finanzverwaltung. [...] Wir brauchen eine ähnliche Ausstattung wie die Kollegen der Kriminalpolizei [...].«[52]

Es geht an dieser Stelle ganz gewiss nicht darum, Geldwäscher oder Steuerhinterzieher zu schützen. Aber noch mehr Fahnder, noch mehr Schnüffeleien in den Konten der Bürger (von automatisierten Kontoabfragen erfährt der Kontoinhaber zunächst einmal nichts), noch mehr bürokratische Kontrollen, um festzustellen, ob der Bäcker oder Gastronom nun wirklich jeden Bon ordnungsgemäß ausgedruckt hat, während kriminelle Banden angeblicher Schutzsuchender hier und in anderen Staaten ihr Unwesen treiben – das verstehen vor allem die steuerehrlichen Bürger nicht mehr, die von den Steuerbehörden drangsaliert werden (Stichwort: Grundsteuererklärung).

Die Kontostammdaten

Unter dem sogenannten automatisierten Kontenabrufverfahren versteht man den Zugriff staatlicher Stellen – vorrangig der Finanzämter – auf die Stammdaten inländischer Konten und Depots. Zu diesen Stammdaten gehören:

→   Konto- beziehungsweise Depotnummer

→   Tag der Einrichtung beziehungsweise
    Auflösung des Kontos/Depots

➡ Name sowie bei natürlichen Personen der Tag der
   Geburt des Konto- beziehungsweise Depotinhabers

➡ Name und – soweit erhoben – die Anschrift eines
   abweichenden wirtschaftlich Berechtigten.

Kontenstände und Kontenumsätze sind offiziell nicht Teil der Stammdaten. Sie können allerdings durch die Steuerbehörden oder die Steuerfahndung im Zusammenhang mit einem automatisierten Kontoabruf grundsätzlich durch ein Auskunftsersuchen bei der betreffenden Bank angefragt werden (§ 92 Satz 2 Nr. 1 AO und § 93 Abs. 1 AO). Wie rabiat dabei die Steuerbehörden sein können, habe ich selbst einmal im Gespräch mit der Sachgebietsleiterin für Betriebsprüfungen im Rhein-Main-Gebiet erlebt. »Wenn die Banken nicht spuren, dann drohen wir einfach mal mit dem Entzug der Banklizenz«, sagte die ebenso junge wie selbstherrliche Beamtin.

Nennwert Banknote	Zahl der im Umlauf befindlichen Scheine in Mio. Stück
5 Euro (neu)	1776
5 Euro (alt)	267

10 Euro (neu)	2 622
10 Euro (alt)	278
20 Euro (neu)	4 131
20 Euro (alt)	516
50 Euro (neu)	10 143
50 Euro (alt)	3 541
100 Euro (neu)	1 612
100 Euro (alt)	2 057
200 Euro (neu)	615
200 Euro (alt)	257

Quelle: Europäische Zentralbank (EZB)

Hinweis: In den vergangenen Jahren kamen neue Euro-Bank-noten mit verbesserten Sicherheitsmerkmalen in Umlauf. Die alten Geldscheine zirkulieren aber in immer geringer werdendem Umfang noch immer am Markt. Daher wurde in der oben stehenden Tabelle zwischen »neuen« und »alten« Euro-Bank-noten differenziert.

Geld-Feuilleton III
Als die Eisenbahn zur »Zentralbank« wurde

Der denkmalgeschützte Leipziger Hauptbahnhof hält bis heute einen beeindruckenden Rekord. Nicht etwa, was die Zahl der Fahrgäste angeht. In dieser Hinsicht gibt es im Bereich der Deutschen Bahn deutlich stärker frequentierte Knotenpunkte. Doch die sächsische Stadt kann den größten Kopfbahnhof Europas für sich reklamieren. Leipzig als Verkehrsknotenpunkt – das beeindruckte schon den Ökonomen Daniel Friedrich List (1789-1846), der – kaum war er in Leipzig angekommen – für eine Eisenbahnverbindung von Leipzig nach Dresden plädierte. Eine entsprechende Schrift veröffentlichte er 1833. Man könnte List als Eisenbahnpionier bezeichnen, doch gute Bahnverbindungen waren für ihn vor allem Mittel zum Zweck: Er forderte leidenschaftlich die Überwindung der innerdeutschen Zollschranken.

Grundsätzlich fand die Idee einer Eisenbahnverbindung zwischen den sächsischen Metropolen Leipzig und Dresden viel Unterstützung. Doch sehr schnell stellte sich die Frage, die Jupp Schmitz mit seinem 1949 erstmals vorgetragenen Karnevalslied »Wer soll das bezahlen? Wer hat so viel Geld?« zum Evergreen machte.

Inspiriert von Friedrich List entschied sich die Leipzig-Dresdner Eisenbahn-Compagnie für eine ebenso ungewöhnliche wie pragmatische Lösung. Das Unternehmen gab unverzinsliche Kassenscheine im Gegenwert von 500 000 Talern aus. Das entsprach einem Drittel des Gesamtkapitals von 1,5 Millionen Talern.

Die Eisenbahngesellschaft war sozusagen ihre eigene Zentralbank, denn die ausgegebenen Kassenscheine waren eine Art Geldersatz und wurden daher schon bald Eisenbahngeld genannt. Jedes der am Eisenbahnbau beteiligten Unternehmen brauchte Transportkapazitäten – sowohl für Arbeitskräfte als auch für Material. Das Eisenbahngeld war 40 Jahre lang gültig und konnte bei der Bahn gegen Transportkapazitäten eingelöst werden. Manche Empfänger bezahlten die Rechnungen ihrer Unterlieferanten mit Eisenbahngeld, und sogar der eine oder andere Mitarbeiter soll dieses Kilometergeld der besonderen Art gern akzeptiert haben. Eisenbahngeld wurde im Jahr 1846 auch durch die Anhalt-Köthen-Bernburger Eisenbahn ausgegeben. In der Regel handelte es sich um »Papiergeld«, teilweise auch um Münzen. Gegenüber der emittierenden Bahngesellschaft galt das Eisenbahngeld als gesetzliches Zahlungsmittel. Sie war also verpflichtet, diesen Geldersatz zu akzeptieren.

Eisenbahngeld aus Hartkautschuk

In der Zeit der Hyperinflation Anfang der 1920er-Jahre gab die Deutsche Reichsbahn ebenfalls eigenes Geld aus, darunter sogar solches, das auf Gold lautete und entsprechend wertbeständig war (»Oeserscheine«). Auch international machte Eisenbahngeld Karriere, so zum Beispiel in Südamerika, wo dieses Geld teilweise in Form von Münzen aus Hartkautschuk auf den Markt kam. Nur dem Ideengeber Friedrich List verhalf das Eisenbahngeld nicht zu einem Karrieresprung. Eine Managerposition in einer Eisenbahngesellschaft blieb ihm versagt.

7.

WIE WIR VORSORGEN UND UNS GEGEN EIN BARGELDVERBOT WEHREN KÖNNEN

Als Wirtschafts- und Finanzjournalist befasse ich mich seit vielen Jahren mit Bargeldrestriktionen oder Bargeldverboten. Und wie immer, wenn Meinungen nicht mit dem Mainstream kompatibel sind, werden sie als »Verschwörungstheorien« stigmatisiert. Das geht so lange, bis aus diesen angeblichen Theorien plötzlich alltägliche Praxis wird. »Ein Bargeldverbot? In Deutschland doch nicht«, bekam und bekomme ich oft zu hören. Ich bin immer wieder überrascht, wie arglos manche Mitmenschen mit solch essenziellen Themen umgehen. Wie soll denn ein solches Verbot überhaupt umgesetzt werden? Mögliche Umsetzungsszenarien werde ich Ihnen im nächsten Kapitel vorstellen. Welche Bundesregierung würde einen solchen Schritt wagen und ihre Wiederwahl aufs Spiel setzen? Ganz einfach, man spricht, wie Bundeskanzler Olaf Scholz, von »Zeitenwende« – und schon ist möglich, was gestern noch unmöglich schien. Ob es nun um Waffenlieferungen an die Ukraine geht oder um die Abschaffung des Bargeldes, irgendeine Erklärung wird die Politik schon finden und selbst höchst unpopuläre Maßnahmen mit dem Etikett »alternativlos« versehen (der Angela-Merkel-Trick).

Oft wird auch das Argument ins Feld geführt, die EZB habe doch in den vergangenen Jahren neue Euro-Geldscheine emittiert. Das hätte sie doch wohl kaum getan, wenn das Bargeld demnächst abgeschafft würde. Vorsicht! Schweden hat noch im Jahr 2017 neue Scheine und Münzen eingeführt. Die alten Scheine und Münzen wurden am 30. Juni 2017 ungültig und können seither nicht mehr im Zahlungsverkehr verwendet werden. So schnell kann es gehen. Man kann zwar bei der Schwedischen Reichsbank alte Münzen und Scheine einreichen und sich den Gegenwert auf sein Bankkonto gutschreiben lassen (wodurch aus Bargeld im Handumdrehen digitalisierte Ziffern auf Kontoauszügen werden), doch dafür muss man eine Gebühr entrichten. Vor allem zeigt dieser Vor-

Irgendeine Erklärung wird die Politik schon finden

gang, dass in Schweden, wo – wie an anderer Stelle erwähnt – die sogenannte bargeldlose Gesellschaft am weitesten fortgeschritten ist, neue Geldscheine und Münzen emittiert werden, obwohl die im Alltag der Menschen kaum noch eine Rolle spielen. Dass neue Geldscheine auf den Markt kommen, ist somit kein Indiz dafür, dass die Regierung kein Bargeldverbot plant.

Ich bin mir ziemlich sicher, dass die EU-Kommission und die EZB in nicht allzu ferner Zukunft verkünden werden, es gehe nicht an, dass in einigen Staaten der Europäischen Union Limits für Bargeldzahlungen bestehen und in anderen nicht. Im Sinne der gezielten Verbrechensbekämpfung und im Interesse einer einheitlichen Lösung in der gesamten EU sei es daher notwendig, ein europaweites Barzahlungslimit von 2000 oder 3000 Euro einzuführen. In diesem Fall dürfte sich dann in Deutschland und Österreich allenfalls leiser Protest regen. Am Ende wird eine parlamentarische Mehrheit für Bargeldrestriktionen zusammenkommen. Wetten, dass ...?

Was wollen Sie? Da Sie dieses Buch gekauft haben, gehe ich davon aus, dass Sie dezidiert gegen Bargeldrestriktionen sind und auch künftig selbstbestimmt entscheiden möchten, ob Sie mit Bargeld, Karte oder Ihrem Smartphone zahlen. Aber was können wir unternehmen, um nicht von Politikern, EU-Bürokraten, Bankern und einflussreichen Lobbyisten überrumpelt zu werden? Hier einige Anregungen.

Zeigen Sie Flagge: Zahlen Sie möglichst oft in bar

Zahlen Sie – wann und wo immer möglich – in bar. Nur wenn die Zahl der Bargeldtransaktionen konstant hoch bleibt, erkennen die Verantwortlichen in den Regierungen und Zentralbanken, wie wichtig den Bürgern Bargeld ist. Politiker kleben bekanntlich an ihren Ämtern und Pöstchen, weil viele von ihnen nie einen anderen Beruf ausgeübt haben (ganz nach dem Motto »Kreißsaal – Hörsaal – Plenarsaal«). Sie werden es sich zwei- oder dreimal überlegen, ein in Deutschland nach wie vor höchst unpopuläres Bargeldverbot einzuführen, denn sie fürchten, bei den nächsten Wahlen die Quittung zu bekommen. Allerdings wird man nach einem passenden Framing suchen, um die Mehrheit der Bürger zu überzeugen (siehe Kapitel »Szenarien eines Bargeldverbots«).

Geht die Zahl der Cash-Transaktionen zurück, so ist das Wasser auf die Mühlen der Bargeldgegner. Sie werden argumentieren, immer weniger Bürger bräuchten Bargeld – und nur noch die Omas und Opas kämen mit den angeblich viel moderneren, sichereren und hygienischeren bargeldlosen Zahlungsmethoden nicht zurecht. Dieses Argument vertreten oft ausgerechnet jene, die sofort »Diskriminierung!« schreien, wenn sich jemand erdreistet, die hier lebenden »Schutzsuchenden« zu kritisieren. Aber das nur am Rande.

Machen Sie es wie ich: Zahlen Sie demonstrativ mit Bargeld. Nur Bargeld lacht. Noch kann Sie niemand zwingen, mit Karte oder Smartphone zu zahlen. Diese Strategie ist, wenn Sie so wollen, eine Art »Graswurzel-Widerstand«. Oder frei nach Friedrich Wilhelm Raiffeisen: »Was der Einzelne nicht vermag, das vermögen viele.« Und je mehr, desto effizienter ist naturgemäß der Widerstand. Wenn auch in den nächsten Jahren die meisten Menschen lieber in bar zahlen, wird das Politikern, Bankern und Händlern zu denken geben. Sollte sich ein Unternehmen weigern, Bargeld anzunehmen (und nicht gleich am Eingang deutlich und in großen Lettern darauf aufmerksam machen), so verweisen Sie auf folgende Regelungen:

Auf Euro lautende Banknoten sind das einzige unbeschränkte gesetzliche Zahlungsmittel (§ 14 Abs. 1 Bundesbankgesetz).

Die von der Europäischen Zentralbank und den nationalen Zentralbanken ausgegebenen Banknoten sind die einzigen, die in der Union als gesetzliche Zahlungsmittel gelten (§ 128 Abs. 1 Vertrag über die Arbeitsweise der Europäischen Union).

Sollten Restaurants oder Geschäfte mehr und mehr dazu übergehen, kein Bargeld mehr zu akzeptieren, dann werden Sie sich Ihrer Macht als Konsument bewusst. Boykottieren Sie die Cash-Verweigerer. Andere Geschäfte und Restaurants nehmen Ihr Bargeld sicher gern.

Fragen Sie bei Politikern nach

Schreiben Sie Ihre Europa- und Bundestagsabgeordneten an, und fragen Sie ganz konkret, wie sie zu möglichen Bargeldrestriktionen beziehungsweise Bargeldverboten stehen und ob sie dauerhaft solche Schritte ausschließen können. Fragen Sie ferner, was sie davon halten, nach dem 500- auch den 200-Euro-Schein abzuschaffen. Sie werden natürlich antworten, solche Fragen stünden aktuell nicht auf der Agenda, und niemand beabsichtige, das Bargeld komplett abzuschaffen. Wenn aber bei einem Abgeordneten mehrfach solche Anfragen eingehen, wird er zunehmend für dieses Thema sensibilisiert. Früher oder später nimmt er zur Kenntnis, dass diese Fragen seine Wählerinnen und Wähler umtreiben. Im Interesse seiner beruflichen Existenzsicherung wird es ihm dann angeraten erscheinen, dieses Thema nicht einfach mit ein paar lapidaren Sätzen vom Tisch zu wischen. Sie gehören einer Partei an? Umso besser. Dann bringen Sie das Thema auf der nächsten Versammlung Ihres Orts- oder Kreisverbandes zur Sprache. Sensibilisieren Sie Ihre Parteifreunde/-freundinnen für dieses wichtige Thema.

Flagge zeigen auch in den (sozialen) Medien

Schreiben Sie Leserbriefe, hinterlassen Sie Kommentare im Internet und in den sozialen Netzwerken. Wann immer sich wieder einmal ein Politiker, Banker oder Lobbyist zum Thema Bargeldverbot äußert, sollten Sie reagieren und die entsprechende Position entweder unterstützen oder ihm beziehungsweise ihr höflich, aber bestimmt widersprechen.

Sensibilisieren Sie die Menschen in Ihrem Umfeld

Sprechen Sie, wann immer sich Gelegenheit dazu bietet, mit Ihren Verwandten, Freunden und Kollegen über dieses Thema. Viele erkennen dessen Brisanz nicht. Sie zahlen womöglich ohnehin schon den größten Teil Ihrer Einkünfte mit Karte, und deshalb halten sie Bargeldrestriktionen vielleicht sogar für einen notwendigen Schritt. Möglicherweise glauben auch sie die Märchen, die ihnen Politiker, Banker, Lobbyisten und die Mainstream-Medien auftischen, dass nämlich Geld nur deshalb abgeschafft werden soll, um der organisierten Kriminalität das Handwerk zu legen. Machen Sie deutlich, worum es wirklich geht und welche Risiken eine Bargeldabschaffung birgt. Entsprechende Argumente finden Sie in diesem Buch. Oft erreichen mich Anfragen, ob ich als Redner zu diesem Thema zur Verfügung stehe. Meine Antwort: Sehr gern, allerdings aufgrund meiner beruflichen Verpflichtungen nur mit längerem zeitlichem Vorlauf und gegen Erstattung meiner Reise- und gegebenenfalls Übernachtungskosten (Kontakt: *redaktion.brueckner@gmail.com*).

Wie Sie vorsorgen können

Was aber, wenn aller Widerstand vergeblich war? Wenn am Ende doch Bargeldrestriktionen durchgesetzt werden? Für diesen Fall haben wir die folgenden Tipps für Sie zusammengestellt:

1. Achten Sie ab sofort darauf, möglichst wenig 200-Euro-Scheine zu besitzen. Denn nach dem Aus für den 500-Euro-Schein könnte es bald den 200-Euro-Schein treffen. Sollten Sie nicht planen, diese 200-Euro-Scheine demnächst für eine Bartransaktion einzusetzen, lassen Sie diese möglichst bald in 100- oder 50-Euro-Banknoten umtauschen. Denn ein Ende des nach dem 500-Euro-Schein nächstgrößeren Geldscheins (200 Euro) dürfte nur noch eine Frage der Zeit sein. Wahrscheinlich wird man Ihnen dann anbieten, diese Scheine bei Ihrer Bank umzutauschen, doch man wird Sie auffordern, »lückenlos« nachzuweisen, woher diese Scheine stammen, was im Einzelfall schwierig sein dürfte.

2. Trotz allem ist es ratsam, ein Bargelddepot an einem sicheren Ort zu haben. Verteilen Sie Ihre Rücklagen auf

verschiedene Währungen, wie zum Beispiel Schweizer Franken (die 1000-Franken-Banknote ist sehr begehrt und dürfte nach meiner Einschätzung auch nicht abgeschafft werden), norwegische Kronen (diese Empfehlung gilt nur eingeschränkt, weil die Linksregierung in Oslo die Prosperität des öl- und gasreichen Landes aufs Spiel zu setzen scheint) oder Singapur-Dollar. Im Fall eines Bargeldverbots haben Sie im Ausland immer noch die Möglichkeit, diese Devisen entweder zum Kauf einzusetzen oder zu tauschen.

3. Achten Sie darauf, dass Sie auf Ihren Inlandskonten möglichst geringe Guthaben unterhalten. Sie sollten nur ausreichen, um Ihren laufenden Zahlungsverpflichtungen nachzukommen. Im Fall eines Bargeldverbots oder bei Bargeldrestriktionen eröffnen Sie ein Konto im Ausland (was, das sei an dieser Stelle schon erwähnt, auch nicht mehr so einfach ist wie früher). Das Konto führen Sie in einem Staat, in dem Bargeldtransaktionen noch uneingeschränkt möglich sind, also am besten außerhalb der EU. Vor allem auf Ihren Sparkonten sollten Sie keine großen Guthaben unterhalten. Denn selbst wenn die Strafzinsen (zumindest vorübergehend) angesichts der hohen Inflation und daher wieder steigenden Zinsen abgeschafft wurden, bleiben Sparkonten ein Verlustgeschäft.

4. Kaufen Sie Gold. Oft werde ich gefragt, wann der richtige Zeitpunkt ist, in das gelbe Edelmetall zu investieren. Die Antwort ist ganz einfach: Dann, wenn Sie Geld zur Verfügung haben. Den günstigsten Einstiegspreis erwischen Sie ohnehin nie. Das ist wie beim Kauf von Aktien.

5. Streuen Sie Ihre Rücklagen in Sachwerte. Gold und eine Immobilie in guter Lage zur Selbstnutzung zu kaufen ist sicher keine schlechte Idee. Einen kleinen Teil Ihres Sachwertinvestments sollten Sie für alternative Vermögenswerte einsetzen, sprich Sachwerte, die Ihnen auch persönlich Freude bereiten und emotionale Renditen bescheren, zum Beispiel Münzen, Weine, Oldtimer, Diamanten, Farbedelsteine usw. Denn es ist doch so: Wer verliebt sich schon in einen Depotauszug?

6. Es kann auch nie verkehrt sein, Lebensmittelreserven für den Notfall anzulegen, falls es im Zusammenhang mit einem eventuellen Bargeldverbot zu Lieferengpässen kommen sollte. Bei einem großflächigen und mehrere Tage andauernden Blackout haben Sie keine Chance, an der Supermarktkasse mit Karte oder Ihrem Smartphone zu zahlen. Sogar an der Tankstelle ist dann Cash gefragt.

Szenarien eines Bargeldverbots

Wie könnten Bargeldrestriktionen oder ein Bargeldverbot umgesetzt werden? Alles beginnt mit dem sattsam bekannten Framing. Darunter versteht man das Einbetten (übersetzt »Einrahmen«) eines Sachverhaltes in ein bestimmtes Umfeld. Dadurch sollen die Empfänger dieser Botschaft entsprechend beeinflusst – man könnte auch sagen: manipuliert – werden. In diesem Stadium des Framings befinden wir uns bereits: Bargeld, so die politmediale Botschaft an die Bürgerinnen und Bürger, sei erstens unhygienisch (»Virenschleuder«) und diene vor allem den dunklen Geschäften von Kriminellen. Außerdem zahle der Kunde von heute ohnehin mit seinem Smartphone. Die Mitteilung: »Nur Steuerhinterzieher und unsere Großeltern zahlen noch mit Bargeld, moderne Menschen greifen zur Karte oder zu ihrem Handy.« Diese politmediale Verkündung wird von (Direkt-)Banken unterstützt, die einen unmittelbaren Vorteil von der Bargeldabschaffung hätten.

In diesem Umfeld stößt es kaum auf Kritik, wenn etwa die 500-Euro-Banknote und vermutlich bald auch der 200-Euro-Schein abgeschafft werden. Ähnlich wie seinerzeit in den USA gibt es dann bald nur noch Euro-Geldscheine mit eher kleinem Nominalwert, zum Beispiel 100 Euro.

Im zweiten Schritt wird – wie in vielen Nachbarstaaten bereits geschehen – eine Barzahlungsobergrenze eingeführt. Zunächst wird man einen relativ hohen Betrag wählen, damit die Bürger in ihrem Alltag wenig von diesen Restriktionen spüren. Zum Beispiel 10 000 Euro, wie von Bundesinnenministerin Nancy Faeser (SPD) bereits vorgeschlagen. Dann aber werden irgendwo wieder angebliche Unterlagen über Schwarzgeldtransaktionen enthüllt (ähnlich den Panama-Papers), auch die vor laufenden Kameras inszenierten Festnahmen von prominenten »Steuersündern« (wie seinerzeit von Ex-Postchef Zumwinkel) können sich in dieser Phase als probat erweisen, um die Stimmung kippen zu lassen. Plötzlich ist eine Mehrheit dafür, die Barzahlungsgrenze drastisch nach unten zu korrigieren – etwa 3000 Euro. Haben sich die Bürger daran gewöhnt, gibt es also keinen in den Wahlergebnissen messbaren Widerstand, und es ist nur noch ein kleiner Schritt, um das Limit auf 1000 Euro zu reduzieren. Setzt sich schließlich der digitale Euro durch, wird das Bargeld früher oder später komplett verschwinden.

Eine solche digitale Währung birgt aber erhebliche Risiken. Die gravierendsten hat Wolfgang Köbler, Partner und Vorstand der KSW Vermögensverwaltung in Nürnberg, zusammengestellt:

→ »Die Notenbank könnte eine Obergrenze für Zahlungen und den Besitz festlegen. Damit wäre das Konsumverhalten der Bürger beeinflussbar.

→ Die eigentliche Aufgabe der Banken in der Volkswirtschaft, die Bürger mit Geld zu versorgen, würde unterlaufen. Die Banken verlören Einlagen und würden destabilisiert, weil der digitale Euro direkt über ein elektronisches Medium bei der Zentralbank verbucht würde. Die Notenbank übernähme unbeabsichtigt nach und nach die Aufgabe der Geschäftsbanken.

→ Der Bürger würde durch sein Zahlungsverhalten für staatliche Stellen transparent, weil diese Zugang zu sensiblen Transaktionsdaten erhalten.

→ Die Abwicklung von grenzüberschreitenden Zahlungen würde zwar effizienter werden als bisher. Die Banken und Zahlungsabwickler mit ihren Systemen jedoch verlören dieses Geschäftsfeld jedoch komplett – und damit eine weitere Einnahmequelle.

→ Bargeld ist im Gegensatz zum Giralgeld (Geld der Geschäftsbanken) unverzinst, ein digitaler Euro wäre demnach derzeit ebenfalls unverzinst. Aber die Notenbanken hätten die Möglichkeit, Minuszinsen bei einem digitalen Euro einfach durchzusetzen und könnten damit ihre geldpolitischen Interessen viel einfacher verfolgen als bisher.«[53]

Geld-Feuilleton IV
Warum manche Honorare
Gagen heißen

Schriftsteller bekommen Honorare, Schauspieler und Sänger
dürfen sich hingegen über Gagen freuen. Was macht aber den
Unterschied aus?

Es gibt Fragen, die werden selten gestellt, und man muss sie auch
nicht unbedingt beantworten können. Zum Beispiel diese: Weshalb
erhält ein Schriftsteller ein Honorar, der Schauspieler jedoch, der
das Stück des Autors aufführt, eine Gage? Einen Pragmatiker interessiert die Antwort auf diese Frage nur mäßig. Er freut sich über ein
(möglichst hohes) Entgelt – gleich, ob man es nun Honorar oder
Gage nennt. Und überhaupt: Stehen beide Begriffe nicht synonym
zueinander? Nicht ganz.

Sogar ein Anwalt mit ausgeprägten schauspielerischen Talenten erhält
zum Beispiel keine Gage, sondern ein Honorar. Und auch ein Zahn-
arzt, der von seinen eigenen Künsten überzeugt ist, wäre wohl mehr
als verdutzt, würde man ihn vor dem Aufheulen des Bohrers fragen,
welche Gage er für die Behandlung verlange.

Wer etwas aufführt, bekommt Gage

Beide Begriffe lassen sich somit grob folgendermaßen voneinander
abgrenzen: Künstler, die etwas aufführen – sei es auf der Bühne
oder im Film – erhalten eine Gage. Die meisten anderen Freiberufler
(Autoren, freie Journalisten, Ärzte, Unternehmensberater usw.)
beziehen hingegen Honorare.

Kaum Unterschiede gibt es hinsichtlich der Höhe von Honoraren und Gagen. In beiden Fällen gilt: Die Bandbreite ist in der Regel erheblich. Ein Schauspieler an einem kleinen deutschen Stadttheater muss als Anfänger mit einem Bruttogehalt von deutlich unter 2000 Euro pro Monat auskommen. Ein Star wie George Clooney kassierte zwischen 2017 und 2018 rund 239 Millionen US-Dollar.

Der Autor eines Fachbuchs mit geringer Auflage muss sich meist mit einem dreistelligen Absatzhonorar bescheiden. Hingegen sollen der amerikanische Ex-Präsident Barack Obama und seine Frau Michelle für ihre Memoiren vom New Yorker Verlagshaus Penguin Random House umgerechnet rund 61 Millionen Dollar kassiert haben. Einen Teil davon wollte das Ehepaar spenden. Das Honorar fiel nicht zuletzt deshalb so hoch aus, weil mehrere Verlage in einem Bieterwettbewerb standen.

Im alten Rom gab's Ehrengeschenke

Streng genommen dürften die Bezieher von Honoraren gar kein Geld annehmen. Zumindest dann, wenn sie das Wort Honorar vom lateinischen Wort *honorarium* (»Ehrengeschenk«) ableiten. Die weisen Herren im alten Rom berieten die Bürger in Rechtsfragen nämlich kostenlos, weil sie sich dadurch politische Vorteile erhofften. Allenfalls ein Sachgeschenk durften sie entgegennehmen.

»Ehrengeschenke« als Honorar für die Dienstleistungen von Freiberuflern? Das wäre so, als würde zum Beispiel ein Orthopäde seinen Patienten mit den Worten verabschieden: »Vielen Dank, es war mir eine Ehre, Sie behandeln zu dürfen«, während er diskret ein Fläschchen Rotwein als »Ehrengeschenk« entgegennimmt.

8.

ALTERNATIVE

AUSWANDERN?

Ist es vielleicht, da in Deutschland und in den Nachbarländern ein Bargeldverbot droht – neben vielen anderen Gründen – eine gute Idee, unserem Land den Rücken zu kehren und auszuwandern? Norbert Bartl, Journalist und Buchautor, ist sicher einer der erfahrensten Experten zum Thema Auswandern. Er ist Herausgeber und Chefredakteur des Newsletters *Leben im Ausland* (*www.coin-sl.com/ausland*) und Autor des Bestsellers *Richtig Auswandern und besser leben.* Ich kenne den Kollegen seit vielen Jahren und habe daher das nachfolgende Interview mit ihm geführt.

Herr Bartl, Sie kennen sich in zahlreichen Ländern, die sich für potenzielle Auswanderer eignen, sehr gut aus. Wie groß ist dort die Gefahr von eventuellen Bargeldverboten oder -restriktionen?

Bartl: Die Beurteilung fällt aus meiner Sicht sehr unterschiedlich aus. Paraguay und Bolivien sind aktuell wohl weniger gefährdet, weil viele Menschen dort nicht einmal ein Bankkonto haben. In El Salvador – das ich allerdings nicht so gut kenne – erklärte vor einiger Zeit der Präsident den Bitcoin zur Landeswährung. Das heißt, sicher sein kann man sich auch in den Auswandererstaaten nie. In Südamerika waren zum Jahresbeginn 2023 überwiegend linke Regierungen an der Macht. Und die sind wohl eher geneigt, Bargeldverbote einzuführen.

Sie sind auch häufiger in Georgien.
Wie sieht es dort aus?

Bartl: In Georgien schätze ich das Risiko von Bargeldverboten als eher gering ein. Die Menschen mögen
nicht so gern, dass man ihnen etwas vorschreibt.
Angeblich wollen sie ja in die EU. Aber mal ehrlich:
Ich denke, das werden weder Sie noch ich erleben.

Nordzypern ist sozusagen ein Pariastaat.
Ein Vorteil in Sachen Bargeld?

Bartl: Das Risiko in Nordzypern schätze ich aus heutiger
Sicht als eher gering ein. Nordzypern ist bekanntlich
engstens mit der Türkei verbunden. Allerdings kann
das auch ein Risiko sein. Denn wenn eine Währung
wie die türkische Lira so stark abwertet, kann auch
irgendwann eine neue Währung kommen – vielleicht
gleich digital?

Und wie stellt sich die Situation in anderen Staaten
Asiens, Afrikas und vor allem in den USA dar?

Bartl: Das ist aus heutiger Sicht schwer zu beurteilen. Ich
verfüge aus diesen Ländern auch über keine belast-
baren Informationen. In den USA wird es hoffentlich
einige Bundesstaaten wie Florida und Texas geben,
die einem möglichen Bargeldverbot entgegenwirken.
Ansonsten wird das wohl auch alles von den nächsten
Präsidentschaftswahlen abhängen. Zusammenfassend
würde ich allerdings sagen, dass Europa auf kurze
und mittlere Sicht am stärksten gefährdet ist.

Florida und Texas sind keine
Befürworter eines Bargeldverbots

9.

DIE SITUATION IN ÖSTERREICH

Ein Gastbeitrag von Werner Reichel (Wien)

Exakt 530 938 Österreicher haben zwischen dem 16. und 29. September 2022 das Volksbegehren »Für uneingeschränkte Bargeldzahlung« unterschrieben. Über eine halbe Million Bürger haben sich die Mühe gemacht, das örtliche Rathaus oder den städtischen Magistrat aufzusuchen, um sich für den dauerhaften Erhalt des Bargeldes einzusetzen. Die Österreicher haben eine besondere Bindung zu Geldscheinen und Münzen, Bargeld hat hier nach wie vor einen hohen Stellenwert.

Das belegt auch die Tatsache, dass gleichzeitig zum Bargeld-Volksbegehren sechs weitere unterschrieben werden konnten, darunter eines für die Abschaffung aller Coronamaßnahmen, eines für das Recht auf Wohnen und eines für Kinderrechte. Interessiert hat die Bürger aber vor allem die Erhaltung »ihres« Bargeldes, alle anderen erzielten deutlich weniger Unterschriften. Österreich gehört zu jenen Ländern, wo nach wie vor viele Zahlungsvorgänge in bar abgewickelt werden. Laut der »Study on the payment attitudes of consumers in the euro area (SPACE)«[54] der Europäischen Zentralbank (EZB), die regelmäßig durchgeführt wird, bezahlten 2022 rund 70 Prozent der Österreicher am »Point of Sale«, also in Geschäften, Restaurants oder an Tankstellen, mit Bargeld. Damit liegt Österreich hinter Malta (77 Prozent) und Slowenien (73 Prozent) an dritter Stelle des Bargeldumlaufs in der EU. Kaum noch eine Rolle spielt Cash hingegen in den Niederlanden und in Finnland, wo nur noch 21 beziehungsweise 19 Prozent der Zahlungsvorgänge in Geschäften mit Geldscheinen und Münzen abgewickelt werden.

Mit dem Abklingen der Coronapandemie hat in Österreich – ähnlich wie in Deutschland – die Verwendung von Münzen und Geldscheinen sogar wieder zugenommen, da während der Zeit der Coronamaßnahmen viele Geschäfte ihre Kunden aufgefordert hatten, aus »hygienischen Gründen« auf Bargeld zu verzichten. In Österreich stieg der Banknotenumlauf bis Ende 2021 wieder um 6,5 Prozent auf zuletzt 28,19 Milliarden Banknoten im Wert von 1544,37 Milliarden Euro an. Die Österreicher lieben das Bargeld, haben eine emotionale Bindung zu Scheinen und Münzen sowie ein gewisses Misstrauen gegenüber elektronischen Bezahlsystemen. »93 Prozent der Österreicherinnen und Österreicher wollen, dass Bargeld erhalten bleibt, nur 5 Prozent denken, darauf verzichten zu können«, so Thomas Steiner, Direktor der Oesterreichischen Nationalbank OeNB. Laut der OeNB bezahlen vier von fünf Österreichern Beträge unter 10 Euro in bar.

Welche Rolle Scheine und Münzen in Österreich nach wie vor spielen, lässt sich auch an der Dichte der Bezahlterminals ablesen. Sie ist deutlich geringer als in anderen EU-Ländern. Österreich, Deutschland und Slowenien bilden die europäischen Schlusslichter. Während laut einer Erhebung von Global Payments in Österreich auf tausend Einwohner fünfzehn Terminals kommen, sind es in Griechenland 72.[55] Vor allem in kleinen Geschäften, Gasthäusern sowie in ländlichen und alpinen Regionen wird nach wie vor überwiegend in bar gezahlt, oftmals gibt es gar keine Möglichkeiten, seine Rechnung mit der Karte zu begleichen.

Die Initiatoren des Volksbegehrens setzen sich dafür ein, dass das Bargeld trotz intensiver Bestrebungen des politmedialen Establishments und vieler Lobbys weiterhin und vor allem auf EU-Ebene uneingeschränkt und ohne Obergrenzen als Zahlungsmittel erhalten bleibt. Deshalb soll Bargeld, so die Forderung, als

Zahlungsmittel in der Verfassung (Grundgesetz) verankert werden. In der Begründung zur Einleitung des Verfahrens für das Volksbegehren heißt es: »Das Bargeld ist im vollen Umfang als Zahlungsmittel und Vermögensform zu schützen, ohne Obergrenzen. Nur eine Verankerung des Bargeldes in der Bundesverfassung gewährt die Freiheit und die Verfügbarkeit privaten Vermögens und ist als Grundrecht abzusichern. […] Ziel dieses Volksbegehrens ist der Erhalt der Bargeldzahlung ohne Beschränkung. Bargeld MUSS alleiniges gesetzliches Zahlungsmittel bleiben. Alle anderen Bezahlformen wie Überweisungen, Kreditkarten, digitale Bezahlformen haben Zahlungsmittel-Eigenschaft und bleiben dem Bargeld untergeordnet. Eine verfassungsmäßige Verankerung des Bargelds ist notwendig, um den Erhalt des Bargelds ohne Beschränkungen sicherzustellen.«[56]

Die Sorge, Bargeld könnte auch in Österreich als Zahlungsmittel ohne größere Beschränkungen bald der Vergangenheit angehören, ist berechtigt. Derzeit existieren in der Alpenrepublik noch keine offiziellen Bargeldbeschränkungen – anders als in vielen anderen EU-Staaten wie Griechenland, Belgien, Frankreich oder Italien. In Österreich kann jeder Betrag in bar bezahlt werden. Allerdings nur in der Theorie. So weigern sich einige Handelsketten, Geschäfte und Tankstellen, 200-Euro-Scheine anzunehmen. Auch in Österreich werden hohe Summen kaum noch cash bezahlt. Die seit Jahren laufenden politischen und medialen Kampagnen jener Kräfte, die das Bargeld abschaffen wollen und es deshalb in die Nähe von Steuerhinterziehern, Terroristen, der Mafia und Kriminellen rücken, gibt es auch in Österreich. Transaktionen mit hohen Bargeldbeträgen gelten gemeinhin als verdächtig und unseriös. Zudem existieren bereits jetzt gesetzliche Regelungen, welche die Bargeldnutzung und den Bargeldverkehr in bestimmten Bereichen erschweren, etwa während Bargeldein-

und -auszahlungen bei Geldinstituten. Grundlage dafür ist das Finanzmarkt-Geldwäschegesetz[57]. Das österreichische Finanzministerium beschreibt die Vorschriften auf seiner Website:

»In Österreich muss sich jede Kundin/jeder Kunde
 identifizieren, der:

→   [...]

→   eine Transaktion im Wert von mindestens 15 000 Euro
     durchführt, die nicht in den Rahmen einer dauernden
     Geschäftsbeziehung fällt;

→   eine Einzahlung auf oder eine Auszahlung von Spar-
     einlagen tätigt, wenn der ein- oder auszuzahlende
     Betrag mindestens 15 000 Euro ist;

→   den Verdacht von Geldwäscherei oder Terrorismus-
     finanzierung erweckt und wenn Zweifel an den
     bereits erhaltenen Identifikationsdaten bestehen.«[58]

Auch beim Goldkauf gibt es eine gesetzliche Obergrenze. Anonym mit Cash darf nur Gold bis zu einem Wert von maximal 9999 Euro erworben werden. Wenn solche Regelungen auch nur einen kleinen Teil der Bevölkerung und deren Transaktionen betreffen, so fördern solche Beschränkungen, die im Laufe der Zeit stets verschärft und nie gelockert werden, doch das Misstrauen gegenüber Bargeld. Sie stützen jenes Narrativ und jene Argumente, die die Bargeldfeinde seit Jahren verbreiten. Auch wenn es in Österreich gewichtige und einflussreiche Kräfte unter den Kämpfern für das Bargeld gibt, ist es nur eine Frage der Zeit, bis auch hierzulande nicht mehr oder nur noch eingeschränkt mit Münzen und Geldscheinen bezahlt werden darf.

Am Ende dieser Entwicklung werden wohl auch in Österreich nur noch Bagatellbeträge in bar beglichen werden dürfen, zumal die Alpenrepublik Mitglied der EU ist. In der Europäischen Union hat sich der Grundsatz durchgesetzt: »EU-Recht geht vor.« Selbst dann, wenn es gegen die Verfassung eines EU-Mitgliedstaates verstößt. So betonte Kommissionspräsidentin Ursula von der Leyen im Konflikt zwischen Brüssel und Polen: »Das EU-Recht hat Vorrang vor nationalem Recht, einschließlich verfassungsrechtlicher Bestimmungen.«[59]

Auch wenn das viele Polen anders sehen, unterschiedliche Rechtsmeinungen existieren und die ein oder andere Regierung gegen diese Aushebelung nationaler Souveränität aufbegehrt, wird sich wohl Brüssel nach den bisherigen Erfahrungen und Entwicklungen durchsetzen. Deshalb ist auch der Einsatz für das Bargeld der ÖVP, die sich zudem als *die* Europapartei in Österreich definiert, vor allem populistisch motiviert, zumal man in der Volkspartei nur allzu gut weiß, dass man ein europäisches Bargeldverbot in Österreich nicht wird verhindern können, selbst wenn es in der Verfassung verankert werden sollte. Andererseits weiß die Parteiführung auch, dass man mit dem Bargeldthema in der Bevölkerung punkten kann, da neun von zehn Österreichern gegen eine Abschaffung sind. Die Stellungnahmen, Initiativen und Vorschläge zur Erhaltung des Bargeldes vonseiten der ÖVP und von verschiedenen staatlichen Institutionen wie der OeNB müssen in diesem Kontext betrachtet werden. So auch die folgende Aussage von Finanzminister Magnus Brunner: »Bargeld ist ein wichtiger Teil unserer Identität in Europa, deswegen muss Bargeld auch mit der digitalen Möglichkeit, der Kartenmöglichkeit, einhergehen […].«[60] Für uns ist klar, dass Bargeld bleibt, und wir setzen uns auf allen Ebenen dafür ein. Auch auf europäischer Ebene.

Brunner setzt sich durchaus engagiert gegen die schrittweise Abschaffung des Bargeldes ein, er hat auch im Rat der Europäischen Union der europäischen Bargeldobergrenze von 10 000 Euro nicht zugestimmt, was allerdings deren Einführung nicht verhindern wird. Nachdem sich die EU-Kommission bereits 2021 auf ein EU-Regelwerk zur Bekämpfung von Geldwäsche geeinigt hat, hat im Dezember 2022 auch der Rat der Europäischen Union, also die EU-Finanzminister, grünes Licht gegeben: ohne Zustimmung von Magnus Brunner und einer Enthaltung des deutschen Finanzministers Christian Lindner. Im Rat der Europäischen Union reicht eine qualifizierte Mehrheit aus – das sind mindestens 15 der 27 EU-Staaten, die zusammen mindestens 65 Prozent der Gesamtbevölkerung der EU ausmachen. Sobald das EU-Parlament die neuen EU-Richtlinien zur Bekämpfung von Geldwäsche und Terrorismusfinanzierung absegnet, die zudem strengere Regeln für Kryptowährungen, Juweliere, Gold- und Kunsthändler enthalten, gilt auch in Österreich die Bargeldobergrenze von 10 000 Euro. Das dürfte 2026 oder 2027 der Fall sein.

Bei den weiteren Schritten in Richtung Bargeldabschaffung wird der Ablauf ein ganz ähnlicher sein. Österreich wird sich diesen Verschärfungen auf europäischer Ebene nicht entziehen können, solange Brüssel und genügend andere EU-Länder dieses Ziel verfolgen. Genau in diesem Licht sind die vergangenen und aktuellen Debatten über das Bargeld zu sehen und zu beurteilen. In Österreich galt auch das Bankgeheimnis lange Zeit als unantastbar, bis die EU 2013 begann, den Druck massiv zu erhöhen. Die Diskussionen in Politik und Medien glichen jenen, die heute über das Bargeld geführt werden. So berichtete der ORF unter dem Titel »Das Bankgeheimnis – eine Heilige Kuh«: »Zum Schutz der Sparer sei das Bankgeheimnis unbedingt notwendig, sagt die Politik. Es diene dem Schutz von Schwarzgeld und Steuerhinterziehern, sagen die Kritiker.«[61] Und obwohl sich einige Politiker für diese »heilige Kuh« stark machten und das Bankgeheimnis sogar in der österreichischen Verfassung verankert ist, wurde es schrittweise ausgehöhlt. Schon damals titelten die *Salzburger Nachrichten:* »EU-Recht bei Bankgeheimnis stärker als Verfassung«[62]. Deshalb fielen im Jahr 2013 Teile des Bankgeheimnisses den übergeordneten EU-Regeln zum Opfer. Man sieht, auch nationale Kühe können geschlachtet werden. Wie gut, dass das politische Gedächtnis vieler Bürger ein kurzes ist und sich Politik und Medien nur wenig später derselben nicht haltbaren Argumente und Strategien bedienen konnten, um den skeptischen Bürgern erneut etwas vorzumachen. 3 Jahre später löste die Entscheidung der EZB, die Ausgabe des 500-Euro-Scheins einzustellen, in Österreich Diskussionen um eine Verankerung des Bargeldes als Zahlungsmittel in der Verfassung aus. Angestoßen wurde sie von ÖVP und FPÖ. Der Chef der Wirtschaftskammer Harald Mahrer, der damals ÖVP-Staatssekretär im Wirtschaftsministerium war, warnte vor »extremen Freiheitseinschränkungen« und »totaler Überwachung«.[63] Die FPÖ, die sich seit jeher für den Erhalt des Bargeldes stark macht, drängte massiv auf diese verfassungsrechtliche Festschreibung. Hierzu der damalige Chef der Freiheitlichen, Heinz-Christian Strache: »Die EU will die Bürger entrechten und mit einer Bargeldabschaffung den gläsernen Menschen schaffen.«

Zustande kam die Verankerung des Bargeldes als Zahlungsmittel in der Verfassung nicht, weil man dafür eine Zweidrittelmehrheit im Nationalrat benötigt. Und die Frontline zwischen Bargeldgegnern und -befürwortern verlief damals wie heute zwischen bürgerlich/rechts und links. Die SPÖ sah keine »Notwendigkeit«, das Recht auf Bezahlung mit Cash in die Verfassung zu schreiben. SPÖ-Finanzsprecher Kai Jan Krainer meinte: »Ich sehe in Österreich niemanden, der das Bargeld abschaffen will.« Man spielte den Naiven, weil die SPÖ ihre wichtigste Kernwählerschicht, die Senioren, mit ihrer ideologisch begründeten ablehnenden Haltung gegenüber dem Bargeld nicht vor den Kopf stoßen wollte.

Die Grünen sind als am linken Rand positionierte, eurokratische Partei ohnehin auf einer Linie mit Brüssel und der EZB. Ein starker Staat, mehr Kontrolle, Bürokratie, Überwachung sowie weniger Freiheit und Eigentum sind in die DNA dieser Partei eingeschrieben. Bargeld ist sozusagen der natürliche Feind der Grünen. Über die damalige Diskussion schrieb die FAZ punktgenau: »Der Kampf gegen das Bargeld setzt am falschen Ende an: Das Problem sind nicht die Kriminellen, sondern die Feinde von Freiheit und Vermögen.«[64] Und zu denen gehören nunmal die Grünen und der linke Flügel der Sozialdemokraten.

Die Mainstream-Medien begannen damals systematisch, den Boden für ein Bargeldverbot mit entsprechenden Berichten, ausgewählten Expertenmeinungen, Einschätzungen usw. zu bereiten. Sie starteten eine Negativkampagne gegen das Bargeld und seine Fürsprecher und festigten das Narrativ vom Bargeld als bevorzugtem Zahlungsmittel der Verbrecher und Korrupten. Das Nachrichtenmagazin *Profil* bezeichnete damals den Einsatz der ÖVP für das Bargeld als »Anti-EU-Kampagne«, die auf »antieuropäischen Ressentiments« beruhe:[65] »Die EU? Freiheitseinschränkungen? Entrechtung? Gläserner Mensch? Ein neues Thema geistert herum unter Österreichs rechtspopulistischen und konservativen

Politikern«, versucht *Profil* die Argumente der Bargeldbefürworter ins Lächerliche zu ziehen. Niemand strebe ein Bargeldverbot an, das seien nur Verschwörungstheorien rechter Kreise, behaupten linke Medien, die gleichzeitig das anstreben, was sie als Verschwörungsfantasien und Hirngespinste von Rechtspopulisten verunglimpfen.

»Irgendwann, so die diffuse Angst, können anonyme Eurokraten, Geheimdienste und Konzernbosse auf Knopfdruck unsere Enteignung bewirken«, schreibt *Profil* damals sarkastisch und oberlehrerhaft. Aus diesen »diffusen« Ängsten sind längst konkrete Bedrohungen, Maßnahmen und Pläne geworden – auch dank der Mithilfe von Medien wie dem *Profil*. Oder dem *Kurier*. Die Tageszeitung schreibt im Juli 2022: »Bargeld wird nicht abgeschafft – auch wenn das noch so oft behauptet wird.«[66] Woher weiß der *Kurier* das so genau? »Dabei versichert die zuständige EZB, die das Projekt des digitalen Euro vorantreibt, dass der Euro in Münzen und Scheinen – hundertprozentig – erhalten bleibt. An eine Abschaffung des Bargeldes denkt niemand.«[67] Diese Worte erinnern an das berühmte Zitat des ehemaligen DDR-Staatschefs Walter Ulbricht, das er 2 Monate, bevor er mit dem Bau der Mauer begann, von sich gab: »Niemand hat die Absicht, eine Mauer zu errichten.«

Doch auf die Versprechen und Prognosen von europäischen Politikern und der EZB könne man sich »hundertprozentig« verlassen, behaupten der *Kurier* und andere Mainstream-Medien. Mit solchen Methoden, mit Halbwahrheiten, Bewusstseinskampagnen, Framing, Nudging usw. bereiten die Politik und ihre Helfershelfer in Medien und Zivilgesellschaft seit vielen Jahren das Bargeldverbot vor. In der Bevölkerung versuchen sie ein entsprechendes Bewusstsein mit dem Ziel eines bargeldlosen Kontroll- und Überwachungsstaates beziehungsweise Suprastaates zu schaffen. Das ist jene bekannte Salamitaktik, die der ehemalige EU-Kommissionspräsident Jean-Claude Juncker wie folgt beschrieben hat: »Wir beschließen etwas, stellen das dann in den Raum und warten einige Zeit ab, was passiert. Wenn es dann kein großes Geschrei gibt und keine Aufstände, weil die meisten gar nicht begreifen, was da beschlossen wurde, dann machen wir weiter – Schritt für Schritt, bis es kein Zurück mehr gibt.«

Seit 2016 hat man viele solcher Schritte getan. 2023 ist man diesbezüglich wesentlich weiter als vor 10 Jahren. Was das Nachrichtenmagazin *Profil* damals als rechte Verschwörungstheorie hingestellte, ist längst Realität geworden. Die politischen Positionen und Bruchlinien haben sich hingegen nicht verändert. Die Grünen sind nach wie vor die eifrigsten Kämpfer für eine bargeldlose Gesellschaft. Und sie argumentieren dabei wie alle Feinde des Bargeldes. Schon 2012 machten sich die Grünen für eine Bargeldobergrenze von 10 000 Euro in Österreich stark. Das Nein der ÖVP dazu kommentierte die Chefin der Grünen in Niederösterreich, Helga Krismer-Huber, mit: »Anscheinend will man in NÖ Geld-Koffer durch die Gegend tragen.«[68] Die Grünen setzen Bargeld mit Korruption gleich beziehungsweise unterstellen, Korruption sei auf Bargeld angewiesen, und brachten sie mit dem politischen Gegner in Verbindung. Sprich: Wer sich für Bargeld einsetzt, sei entweder selbst korrupt oder fördere die Korruption. Die Spaltung der Gesellschaft in Gute und Böse ist auch in dieser Frage ein Instrument des politmedialen Establishments.

Krismer-Huber weiter: »Eine betragsmäßige Obergrenze für Bargeld ist sinnvoll und für die Praxis im europäischen Raum ein gängiger und üblicher Weg. Man darf auch nicht außer Acht lassen, dass z. B. Kriminelle und Geldwäscher große Bargeldtransaktionen für ihre Machenschaften ausnutzen und es kann doch nicht gut sein, wenn Geldbündel mit so hohen Summen, die Besitzer wechseln.«

Die SPÖ steht auch in der aktuellen Bargelddebatte auf der Seite der Grünen: »Eine Obergrenze für sehr hohe Barzahlungen zur Verhinderung von Geldwäsche, Steuerhinterziehung und Terrorismusfinanzierung als Ergänzung zu den bestehenden Geldwäschebestimmungen ist vernünftig.«

Diese Argumente werden von Freiheitsfeinden und Politikern mit autoritären Tendenzen und weitreichenden Kontrollgelüsten immer und immer wieder vorgebracht, gemäß dem Motto: »Wer nichts zu verbergen hat …« Da hilft es wenig, wenn vonseiten der Konservativen, etwa der Präsidentin des Seniorenbundes, Ingrid Korosec, eingewandt wird: »Bargeld ist gedruckte Freiheit. Das muss auch so bleiben!«[69] Genau das ist das Problem; Es ist das, was Grüne, EZB, Eurokraten und Globalisten so am Bargeld hassen.

Österreich kann und wird das drohende Bargeldverbot nicht verhindern können, außer es ist imstande, mit anderen EU-Staaten eine starke Allianz gegen diese Pläne zu schmieden. Das ist derzeit allerdings nicht in Sicht. Politische Machtverhältnisse können sich aber verschieben, sowohl auf österreichischer als auch auf europäischer Ebene.

Geld-Feuilleton V
Glocken – mal Kirchengebühr
und mal Geldersatz

Am Gründonnerstag wird es ruhig, die Glocken bleiben stumm.
Früher erzählte man den Kindern, die Glocken flögen nach
Rom und kehrten erst in der Osternacht zur Auferstehungsfeier
wieder zurück. Dann aber läuten sie umso festlicher, was in
diesen schwierigen Zeiten von vielen Menschen wahrscheinlich
besonders intensiv empfunden wird.

Glockengeld –
Geläut gegen Bares

Das Glockengeläut gehört zu Festtagen ganz einfach dazu.
Und niemand würde auf den Gedanken kommen, dafür zahlen
zu müssen. Dabei war es einst üblich, bei bestimmten An-
lässen ein Glockengeld zu berechnen. Schließlich sind Glocken
teuer, und auch der Glöckner musste für seine anstrengende
Arbeit einen gerechten Lohn bekommen. Für ein Dreier-
geläut – Gewicht: fünfeinhalb Tonnen - muss schon mit einer
Investition von deutlich über 100 000 Euro gerechnet werden.
Letztlich ist der Preis aber von der Situation an den Roh-
stoffmärkten abhängig. Vor allem die Zinn- und Kupferpreise
fallen im wahrsten Sinne des Wortes schwer ins Gewicht.

Das Glockengeld – erhoben vor allem bei Hochzeiten und
Beerdigungen - war früher eine der Haupteinnahmequellen

der Kirchen und wurde teilweise von ganz oben verordnet. So heißt es zum Beispiel in einem Edikt des Großherzogtums Mecklenburg Schwerin vom 24. September 1824 explizit, dass sich die Kirchen aus dem Inhalt der Klingelbeutel sowie mit dem Stuhl- und Glockengeld finanzieren sollten. Das sogenannte Stuhlgeld musste entrichten, wer einen festen Platz während der Gottesdienste wünschte. In manchen Gotteshäusern sind die alten Kirchenplatzschilder bis heute erhalten.

Glocken als vormünzliches Zahlungsmittel

Wer noch tiefer in die Geschichte eindringt, stellt fest: Das Verhältnis von Geld zu Glocken war in der vormünzlichen Zeit ein durchaus profanes. Glocken dienten einst in verschiedenen Regionen als Zahlungsmittel. Freilich mussten sie transportabel und zum Tausch geeignet sein. Glockengeld als vormünzliches Zahlungsmittel ist zum Beispiel aus China bekannt (spätes 2./frühes 1. Jahrhundert v. Chr.). Aber auch in weiten Teilen Afrikas klingelten die Glöckchen, wenn es ans Bezahlen ging. Dort waren vor allem eiserne Doppelglocken gefragt, die Gonga genannt wurden – ein Begriff, der möglicherweise auf den Gong der Glocken (»Gonggeld«) zurückzuführen ist.

Kein Gong, sondern ein Klingeln ertönte früher bei den mit Handkurbeln bedienten Registrierkassen. Und heute hört man beim Bezahlen keinen Gong, sondern nur noch die Frage; »Bon?«

10.

EIN MOTIVIERENDES NACHWORT

»Die Deutschen scheinen ein geradezu libidinöses Verhältnis zum Bargeld zu haben«, sagte mir ein Frankfurter Banker schon vor Jahren am Rande einer Veranstaltung. Und sein leises Stöhnen und seine verdrehten Augen machten deutlich, was er von dieser pekuniären Liebe hielt: gar nichts! Nun arbeitet der Betreffende schon seit Jahren für eine führende Direktbank, das heißt für ein Geldinstitut ohne Filialen, das den Kundenkontakt am liebsten komplett digitalisieren würde. Alles nur noch per Mobile Banking. Das Smartphone in der Hosen- oder Handtasche wird zur modernen »Bankfiliale«. Wollen wir das wirklich? Ich nicht.

Anfang 2023 besuchte ich eine Filiale meiner Sparkasse, um einen Orderscheck einzureichen. Wenn Verrechnungsschecks, die nur auf dem Girokonto des Empfängers gutgeschrieben werden sollen, per Post versandt werden, sind aus Gründen der Sicherheit Orderschecks üblich. Kein Unbefugter darf diesen Scheck vorlegen und einlösen. Es gab eine Zeit, da wussten das die meisten Bankkunden noch. Heute haben damit offenkundig sogar Bankangestellte Schwierigkeiten. Ich gab also meinen Orderscheck einer jungen Sparkassenmitarbeiterin. Die schaute das Dokument ratlos an; es war offenkundig: Sie konnte damit nichts anfangen und rief ihre Chefin. Die wusste zwar, was ein Orderscheck ist und wie man ihn einlöst, konnte sich jedoch eine despektierliche Bemerkung nicht verkneifen: »Das ist der Dinosaurier im bargeldlosen Zahlungsverkehr.« Die junge Kollegin kicherte albern. Ich fragte die beiden Damen daraufhin: »Wenn Sie jeden Tag einen ›Dinosaurier‹ in dieser Höhe von Ihrem Chef erhielten, würden Sie ihn dann zurückweisen?« Schlagartig war Ruhe. Die Chefin füllte etwas unmotiviert das Formular zur Scheckeinreichung aus, und ihre Kollegin saß schon wieder an ihrem Computer.

Die Zeit wird kommen – und da bin ich mir ziemlich sicher –, in der die Banken nur noch Bargeld gegen »Strafgebühren« entgegennehmen oder auszahlen werden. Dann sind eben Scheine und Münzen die Dinosaurier des Geldverkehrs.

Wehren wir uns dagegen. Ich habe auf den vorangegangenen Seiten einige Tipps gegeben, wie Sie sich dem Mainstream hin zu einer bargeldlosen Gesellschaft widersetzen können. Die Bargeldabschaffung ist Teil eines globalen Plans. Sie ist Teil der Agenda 2030, aus der Taufe gehoben und vorangetrieben von Klaus Schwab, dem Gründer des World Economic Forum – und Ihnen, liebe Leserinnen, liebe Leser, sicher bekannt. Diese Agenda werde durch die Infiltration von Organisationen und Regierungen vorangetrieben, um unser aller Leben im Sinne der »Wokeness« beeinflussen zu können, schreibt die Journalistin Jessica Horn. Und dazu gehöre längst nicht nur, aber nicht zuletzt die Abschaffung der individuellen Freiheit durch die Abschaffung des Bargeldes.

→   Bargeld ist die einzige Möglichkeit, anonym einzukaufen. Wir verdienen redlich unser Geld, haben Jahrzehnte für unsere Rente geschuftet, zahlen pünktlich unsere Steuern. Wofür wir unser Geld ausgeben, geht niemanden etwas an.

→   Wir wollen aber nicht, dass für neugierige Augen transparent wird, wofür wir unser Geld ausgeben. Wer gerne abends eine Flasche Wein trinkt – niemand darf es ihm verbieten, und ebenso ist es jedem freigestellt, täglich Fleisch zu essen oder auch nicht, ohne dass Versicherungen oder irgendwelche Gesundheitsbehörden davon erfahren und er oder sie einen »Strafzuschlag« auf die Krankenversicherungsbeiträge zahlen muss.

→ Wir wollen völlig autonom entscheiden, ob wir bar, mit Karte oder Smartphone zahlen.Wir lassen nicht zu, dass wir diskriminiert werden, weil wir einen bestimmten Zahlungsweg wählen.

Geben wir uns keinen Illusionen hin:
Wenn die Bürger (und Wähler) keinen massiven Widerstand leisten, dann kommt der digitale Euro im Jahr 2026!

In diesem Sinne viel Erfolg bei unserem gemeinsamen Bemühen zur Rettung unseres Bargeldes.

Ihr Michael Brückner

11.

MEINUNGEN ZUM THEMA BARGELDVERBOT

»Der Harvard-Professor Kenneth Rogoff
schlägt eine Abschaffung des Bargelds vor.
Das ist, bei näherer Betrachtung, ein furchterregender
Gedanke [...]. Meines Erachtens führt Rogoffs
Idee der Abschaffung des Bargelds zum Zwecke der
Bekämpfung der Kriminalität und zur Erzielung
von Staatseinnahmen aus der Schattenwirtschaft
letztlich zu einem orwellschen Albtraum
der finanziellen Repression.«

Andreas Höfert (verstorben 2015),
ehemaliger Chefökonom
der Schweizer Großbank UBS

»›Bargeld ist geprägte Freiheit‹,
heißt ein Bonmot. Das stimmt, doch ist es
noch viel mehr, nämlich ein Schutz
gegen zahlreiche Unwägbarkeiten des Lebens.«

Michael Rasch,
Journalist

»Bargeld ist das Blut
in den Adern der Kriminalität.«

Carin Götblad,
Polizeipräsidentin von Stockholm

»Geld ist geprägte Freiheit.«

Fjodor Dostojewski,
russischer Dichter (1821–1881)

»Das Geldwesen ist zu empfindlich, um es der Tagespolitik von Regierungen und Parlamentariern zu überlassen. Die Geschichte jedenfalls zeigt, dass Regierungen das Geldwesen wiederholt zur Staatsfinanzierung missbraucht haben – zum Schaden der Sparer und der gesamten Bevölkerung.

Bernd Sprenger,
Autor

»Für manchen Cyber-Kriminellen wäre der Tag der Abschaffung des Bargelds wohl ein Festtag. Ihr ›Markt‹ dürfte dann einen Wachstumsschub erfahren. Die Kriminalität konnte bislang immer mit dem technischen Fortschritt mithalten. Warum soll das bei der Digitalisierung des Zahlungsverkehrs anders sein? […] Wer für den Erhalt von Scheinen und Münzen plädiert, ist nicht fortschrittsfeindlich, auch nicht gegenüber der digitalen Welt. Es gibt gute Gründe zu hoffen, dass wir auch künftig bargeldlos zahlen können. Aber es gibt nur einen Grund, dafür zu sorgen, dass wir immer bargeldlos zahlen müssen: Kontrolle – darüber, wann wir was mit unserem Geld machen und Kontrolle über den Zugriff auf unser Geld. Ich möchte mir das nicht vorschreiben lassen.«

Michael Menhart,
Chefökonom Munich Re

»Kriminelle sind meistens Barzahler.«

Norbert Walter-Borjans,
ehemaliger Finanzminister von NRW (SPD)

»Das oft leidenschaftliche, stets große Interesse,
das den praktischen Fragen des Geldwesens und des
Geldwertes gilt, erklärt sich ja nur daraus, dass
sich im Gemeinwesen eines Volkes alles spiegelt, was
dieses Volk will, tut, erleidet, ist, und dass zugleich vom
Geldwesen eines Volkes ein wesentlicher Einfluss
auf sein Wirtschaften und sein Schicksal überhaupt aus-
geht. Der Zustand des Geldwesens eines Volkes ist
ein Symptom aller seiner Zustände.«

Joseph Alois Schumpeter
(1883–1950),
österreichischer Ökonom

»Die Phönizier haben das Geld erfunden.
Aber warum so wenig?«

Johann Nepomuk Nestroy
(1801–1862),
Dramatiker und Schauspieler

»Gib mir die Macht über die Währung
eines Landes, und es interessiert mich nicht mehr,
wer die Gesetze macht.«

Amschel Mayer von Rothschild
(1773–1855),
Bankier

»Gold ist Geld, alles andere ist Kredit.«

John Pierpont Morgan
(1837–1913),
Unternehmer und Privatbankier

»Nur echtes Geld entzieht dem Leviathan
sein beliebig vermehrbares Mastfutter.«

Roland Baader (1940–2012),
Volkswirt und Publizist

»Shifting payments from cash to digital
has the potential to improve the lives of people on
low income, particularly women.«

Better Than Cash Alliance,
wirbt für Bargeldabschaffung

»Digitales Geld würde Dinge erlauben,
die gern als Helikoptergeld bezeichnet werden.
Das könnte man gleich mit einem
Grundeinkommen verbinden.«

Rahim Taghizadegan,
Ökonom und Philosoph

»Tatsächlich rechne ich in den unmittelbar
vor uns liegenden Jahren noch nicht mit einer
vollständigen Bargeldabschaffung.«

Andreas Tögel,
Wirtschaftspublizist

»Bargeld ist ein wichtiger Teil unserer
Identität in Europa, deswegen muss Bargeld auch
mit der digitalen Möglichkeit, der Kartenmöglichkeit, einhergehen.«

Magnus Brunner,
österreichischer Bundesminister für Finanzen, ÖVP

»In 10 Jahren gibt es wahrscheinlich kein Bargeld mehr. Dafür gibt es keinen Bedarf, und es ist schrecklich ineffizient und teuer.«

John Cryan,
von 2015 bis 2018 Chef der Deutschen Bank

»Ein 30 000-Euro-Barkauf von Schmuck oder Uhren sollte bald der Vergangenheit angehören.«

Nancy Faeser,
Bundesinnenministerin (SPD)

»Unsere Bargeldstrategie hat zum Ziel, dass die Euro-Banknoten und -Münzen auch in Zukunft als Zahlungsmittel und als Wertaufbewahrungsmittel weithin verfügbar sind und allgemein akzeptiert werden.«

Christine Lagarde,
EZB-Chefin

»Die selbst entfachte, momentane Hysterie über die behauptete Abschaffung des Bargelds ist ein weiterer Schritt in Richtung Banalisierung der österreichischen Innenpolitik.«

Werner Kogler,
österreichischer Vizekanzler (Grüne)

GLOSSAR

Akzeptanzstellen

Unternehmen, die bargeldloses Zahlen per Kreditkarte oder Smartphone akzeptieren, also zum Beispiel Einzelhandelsgeschäfte, Onlinehändler, Tankstellen, Hotels, Fluggesellschaften oder Autovermieter. Grundlage für die Akzeptanz von Kreditkarten ist eine Vereinbarung mit dem betreffenden Kreditkartenunternehmen. Akzeptanzstellen werden von sogenannten Acquirern akquiriert und betreut.

Buy now, pay later (BNPL)

Steht für »Kaufe jetzt, zahle später«. Wird vor allem von Finanzdienstleistern wie Klarna und Paypal angeboten. Wer diese Option beim Einkauf nutzt, hat zwei Möglichkeiten: Wenn man ohne Rechnung zahlt, dann handelt es sich um den klassischen Kauf auf Rechnung. Die verzinste Variante hingegen ist nichts anderes als ein Ratenkauf. Hierbei tilgt der Kunde seine Schulden über mehrere Monate hinweg und zahlt dafür Zinsen. Der Händler kann in diesem Fall mit einer Bank oder einem Zahlungsdienstleister (Paypal oder Klarna) zusammenarbeiten.

Bitcoin

Dezentrale Kryptowährung, erfunden von dem angeblichen Programmierer Satoshi Nakamoto (Pseudonym). Es handelt sich um Cybergeld, das an sogenannte Kryptobörsen im Internet gekauft werden kann. Bitcoins gibt es nicht in Form von Münzen oder Scheinen. Einheiten dieser Kryptowährung werden im Tausch mit anderen Währungen, wie etwa US-Dollar oder Euro, sowie für die direkte Bezahlung von Diensten und Sachgegenständen akzeptiert. Das Bitcoin-Projekt wurde im November 2008 registriert, das Bitcoin-Netzwerk startete am 3. Januar 2009.

Blockchain

Eine Blockchain ist eine verteilte, öffentliche Datenbank. Im Zusammenhang mit Bitcoins und anderen Kryptowährungen wird diese Datenbank genutzt, um Geldtransaktionen zu verwalten. Der Begriff »Chain« kommt von der Kette, zu der die Transaktionen in chronologischer Reihenfolge hinzugefügt werden.

Cashback

Im Gegensatz etwa zu Payback-Karten werden mit Cashback-Bonusprogrammen keine Punkte gesammelt, vielmehr erhält der Kunde für mit der Kreditkarte getätigte Transaktionen Guthaben auf einem Konto gutgeschrieben.

CBDC

Steht für »Central Bank Digital Currency«, also digitales Zentralbankgeld. CBDC ist elektronisches Geld, ähnlich dem **>> Bitcoin**, das von einer Zentralbank, zum Beispiel der EZB, emittiert wird. Für den Zahlungsverkehr und zur Wertaufbewahrung können Mobile Apps oder Guthabenkarten genutzt werden. Im Gegensatz zu Bitcoins und anderen Kryptowährungen werden CBDC also nicht von der Privatwirtschaft geschaffen. Der digitale Euro soll im Jahr 2026 eingeführt werden.

Charge Card

Kreditkarte mit monatlicher Rechnungsstellung. Der Rechnungsbetrag wird dabei automatisch vom Konto des Kunden abgebucht.

In Deutschland und Österreich ist diese Form der Kreditkarte, die dem Inhaber nur einen sehr kurzfristigen Kredit einräumt, üblich. Das Gegenteil hierzu ist die **>> »echte« Kreditkarte**.

Cobranding-Karte

In Zusammenarbeit mit einem Unternehmen aus dem Nichtbankenbereich von einer Kartenorganisation herausgegebene Kreditkarte, meist speziell auf die Bedürfnisse der Kunden dieses Unternehmens zugeschnitten (zum Beispiel Fluggesellschaften).

Debitkarte

Zahlungskarte, bei der dem Kunden jeder Kauf sofort in Rechnung gestellt wird (ehemalige EC-Karte, heute Girocard).

Disagio

Umsatzabhängige Provision, die **>> Akzeptanzstellen** abführen müssen.

»Echte« Kreditkarten (auch revolvierende Kreditkarten).

Kreditkarten, die mit einem Kartenkonto verbunden sind. Alle Zahlungsbeträge werden über einen bestimmten Zeitraum gesammelt und als Gesamtbetrag in Rechnung gestellt. Dann entscheidet der Kreditkarteninhaber, bis zu welcher Höhe er den Schuldbetrag sofort ausgleichen und welche Restbeträge er als Ratenzahlung tilgen möchte. Das Gegenteil ist die **>> Charge Card**. Verbraucherschützer sehen die »echten« Kreditkarten kritisch, da sie oftmals den Einstieg in eine Überschuldung darstellen, weil die Karteninhaber nach einiger Zeit den finanziellen Überblick verlieren.

Electronic Cash

Bargeldloses Kartensystem zur Bezahlung im Handel oder bei Dienstleistern. Der Kunde gibt hierzu seine Geheimzahl (PIN) in ein Terminal ein. Die Bank oder Sparkasse, welche die Karte ausgibt, übernimmt gegenüber der **>> Akzeptanzstelle** eine Zahlungsgarantie. Früher war es üblich, dass bei jeder Transaktion eine Onlineautorisierung erfolgte. Beim neuen Electronic Cash werden die meisten Transaktionen mithilfe eines Chips auf der Karte autorisiert.

Elektronische Geldbörse

Zahlungskarte mit gespeicherten Werteinheiten. Bei der bargeldlosen Zahlung wird der Betrag vom aufgeladenen Guthaben abgebucht. Gedacht vor allem für Kleingeldtransaktionen.

Elektronisches Lastschriftverfahren (ELV)

Beim ELV benutzt der Kunde seine Girocard, weist sich am Point of Sale (in der Regel also an der Kasse) aber nicht mit der PIN, sondern mit seiner Unterschrift aus. Hierzu wird vom Kassenterminal ein Beleg ausgedruckt. Diese Lastschrift wird automatisch dem kartenausgebenden Institut zur Zahlung vorgelegt. Das Kreditinstitut belastet dann das Guthaben des Kunden mit dem Zahlbetrag.

Giralgeld (auch Buchgeld)

Virtuelle Verrechnungseinheit auf Konten, für die es keine physischen Beschränkungen gibt. Giralgeld ist allerdings ausfallgefährdet, zum Beispiel infolge einer Bankenpleite. Bargeld besteht im Gegensatz dazu aus Scheinen und Münzen, also greifbaren Einheiten. Ein Bargeldverbot würde in letzter Konsequenz also dazu führen, dass es nur noch Giralgeld gäbe. **>> Kryptowährungen** hingegen sind digitales Geld. Es ist auf der einen Seite rein digital, auf der anderen Seite aber kryptografisch gesichert.

giropay

Digitales Bezahlverfahren der deutschen Sparkassen und Banken.

Kryptowährung

Geld in Form von digitalen Zahlungsmitteln. Bei ihnen werden Prinzipien der Kryptografie (Verschlüsselung) angewandt, um ein verteiltes, dezentrales und angeblich sicheres Zahlungssystem zu realisieren. Kryptowährungen werden im Gegensatz zu Zentralgeld und im Gegensatz zu digitalem Zentralbankgeld **>> CBDC** ausschließlich durch Private geschöpft. Die bekannteste Kryptowährung ist nach wie vor der **>> Bitcoin**.

Maestro

Maestro ist ein internationaler Debitkartendienst von Mastercard, der mittels einer Mastercard weltweit bargeldlose Zahlungen sowie die Nutzung von Geldautomaten mit Maestro-Logo ermöglichte. Mitte des Jahres 2023 schaffte der Betreiber die Maestro-Funktion ab.

Mobile Payment

Möglichkeit zur kontaktlosen Zahlung. Herzstück dieser Technologie ist die **>> Near Field Communication,** ein Übertragungsstandard zur drahtlosen Datenübertragung, der in Kredit- oder Debitkarten sowie in Smartphones eingebunden werden kann. Der Datenaustausch erfolgt per Funk.

Near Field Communication (NFC)

Funkstandard zur drahtlosen Datenübertragung. Die Besonderheit von NFC liegt darin, dass beide Geräte (Sender und Empfänger) in einem Abstand von wenigen Zentimetern gehalten werden müssen, damit eine Datenübertragung möglich ist. Die Übertragungsgeschwindigkeit ist mit 424 kbits/s zwar geringer als die von Bluetooth, reicht aber dennoch, um kleine Datenmengen (etwa beim Bezahlen an der Kasse) in Sekundenbruchteilen zu verschicken.

Phishing

Kriminelle Methode des Diebstahls vertraulicher Daten von Internetnutzern, etwa Kreditkartennummern, Bankverbindungen, PIN- und TAN-Nummern oder auch Zugangsdaten zu Internetdiensten. Der Begriff »Phishing« stammt dabei aus der Hackerszene: Der Angreifer präsentiert dem Internetnutzer einen Köder (eine gefälschte Webseite) und »fischt« so nach dessen persönlichen Daten. Der Begriff »Fishing« wurde zu »Phishing« (Fischen nach Passwörtern) verfremdet.

Prepaid-Kreditkarte

Kreditkarten, die im Voraus mit einem Guthaben aufgeladen werden. Bei jedem Einkauf wird der entsprechende Rechnungsbetrag abgebucht. Das heißt, der Inhaber einer Prepaid-Karte kann diese Kreditkarte nur so lange einsetzen, wie darauf ein Guthaben gespeichert ist. Gedacht sind diese Karten unter anderem für Jugendliche und Kunden von schlechter Bonität.

QR-Code (auch Würfelcode)

QR steht für »quick response«, also »schnelle Antwort«. Ein QR-Code besteht aus einer quadratischen Matrix aus schwarzen und weißen Linien. Diese enthalten digital codiert die Informationen. QR-Codes lassen sich unter anderem mit Smartphones und Tablet-PCs sowie einer kostenlosen App lesen.

Regionalwährung

Geld, das in der Regel parallel zur eigentlichen Währung – also beispielsweise zum Euro – herausgegeben wird und nur regional eingesetzt werden kann. Die bekannteste Regionalwährung in Deutschland ist der Chiemgauer.

Schwundgeld (auch umlaufgesichertes Geld)

Dieses Geldkonzept der Freiwirtschaft soll dafür sorgen, dass sich die Umlaufgeschwindigkeit des Geldes verstetigt. Geld, das längere Zeit aufbewahrt wird, bringt keine Zinsen, sondern verliert an Wert (daher Schwundgeld). Es ist daher im Interesse des Geldbesitzers, es möglichst schnell wieder auszugeben, also in Umlauf zu bringen.

LITERATUR-VERZEICHNIS

Beermann, Johannes (Hrsg.): *20 Jahre Euro – Zur Zukunft unseres Geldes*, München 2022.

Brückner, Michael: *So werden Sie Ihr ganz persönlicher Krisenmanager*, München 2023.

Brückner, Michael: *Schnell an Bares kommen*, Wien 2022.

Jackson, Eric M.: *The PayPal Wars – Battles with eBay, the Media, the Mafia, and the Rest of Planet Earth*, Washington, D. C., 2012.

Görß, Sebastian: *Streitfall Bargeldabschaffung*, BoD, 2020.

Hosp, Julian: *Kryptowährungen – Bitcoin, Ethereum, Blockchain & Co. einfach erklärt*, München 2018.

Horstmann, Ulrich; Mann, Gerald; Halver, Robert: *Bargeldverbot – Alles, was Sie über die kommende Bargeldabschaffung wissen müssen*, München 2019.

Kerscher, Daniel: *Handbuch der digitalen Währungen*, Dingolfing 2014.

Orths, Birgit E.: *Als Steuerfahnderin auf der Spur des Geldes*, Berlin 2023.

Sprenger, Bernd: *Das Geld der Deutschen – Geldgeschichte Deutschlands von den Anfängen bis zur Gegenwart*, Paderborn 1991.

ENDNOTEN

Alle hier aufgeführten Links waren bei Redaktionsschluss aufrufbar. Sollte dies bei oder nach Drucklegung nicht mehr der Fall sein, kann der entsprechende Link in der Regel beim Internetarchiv (*http://archive.org/web/*) gefunden werden.

1 Eriksson, Björn: *Karten pa bordet*, Stockholm 2014, S. 10.

2 »Des sacs d'argent liquide trouvés au domicile de la vice-présidente du Parlement européen«, *L'Echo (lecho.be)*. *https://www.lecho.be/economie-politique/belgique/general/des-sacs-d-argent-liquide-trouves-au-domicile-de-la-vice-presidente-du-parlement-europeen/10433834.html*.

3 »Nirgends ist die Liebe zum Bargeld so groß wie in Deutschland«, *Welt*, 01.Dezember 2022. *https://www.welt.de/finanzen/article242423699/Bargeld-Nirgends-ist-die-Liebe-so-gross-wie-in-Deutschland.html*.

4 Warum wir unser Bargeld niemals aufgeben dürfen, FAZ *(faz.net)*, 07.Dezember 2022. *https://www.faz.net/aktuell/stil/leib-seele/warum-wir-unser-bargeld-niemals-aufgeben-duerfen-18514050.html*.

5 *https://www.tagesschau.de/investigativ/ndr/bargeld-obergrenze-bundesrechnungshof-101.html*.

6 Statista Gobal Consumer Survey und *Kopp exklusiv* 49/22.

7 ING Consumer Research (21. Dezember 2021).

8 Horn, Jessica: »eIDAS-Verordnung: Auf dem Weg zur digitalen Identität«, *Kopp exklusiv* 51/22, S. 9 ff.

9 *https://www.wiwo.de/finanzen/geldanlage/pro-und-contra-aus-fuer-den-500-euro-schein-die-richtige-entscheidung/24260166.html*.

10 »Corona-Folgen und Sprengungen: Banken bauen immer mehr
    Geldautomaten ab«, Handelsblatt, 2. November 2020.
    https://www.handelsblatt.com/finanzen/banken-versicherungen/
    banken/bargeld-corona-folgen-und-sprengungen-banken-bauen-
    immer-mehr-geldautomaten-ab-/26572290.html.

11 *https://www.betterthancash.org/why-digital-payments.*

12 »Barzahlen gilt in China als harte Strafe«, *Neue Zürcher Zeitung,*
    15. November 2020.

13 *https://www.stern.de/panorama/stern-crime/*
    in-schweden-waechst-die-macht-der-gangs---
    fast-taeglich-eine-schiesserei-30654132.html.

14 *https://www.evz.de/finanzen-versicherungen/*
    bargeld-obergrenze-in-der-eu.html.

15 *https://www.agenda-austria.at/geld-mit-ablaufdatum/.*

16 *https://www.ecb.europa.eu/ecb/tasks/html/index.de.html.*

17 *https://www.agenda-austria.at/geld-mit-ablaufdatum/.*

18 »Digitaler Euro wird Bargeld nicht ersetzen«, *Tiroler Tageszeitung,*
    23. November 2021. Vgl. *https://www.tt.com/artikel/30806672/*
    digitaler-euro-wird-bargeld-nicht-ersetzen.

19 *https://www.tichyseinblick.de/daili-es-sentials/*
    ueberwachungsbarometer/.

20 »Massenansturm auf Zyperns Banken blieb aus«, *Kurier,* 28. März 2013.
    https://kurier.at/wirtschaft/eurokrise-zyperns-banken-
    oeffnen-unter-polizeischutz-massenansturm-blieb-aus/6.868.307.

21 Häring, Norbert: *Schönes neues Geld – PayPal, WeChat, Amazon Go.*
    Uns droht die totalitäre Weltwährung, Frankfurt 2018, S.10.

22 Horstmann, Ulrich und Mann, Gerald: *Bargeldverbot,*
    München 2015, S. 20.

23 »»Annahmepflicht, aber‹ – Dann dürfen Geschäfte Bargeld ablehnen«, *Welt*, 06. April 2021. *https://www.welt.de/wirtschaft/webwelt/ article229816123/Bargeld-abgelehnt-Duerfen-Geschaefte- die-Cash-Zahlung-verweigern.html.*

24 Harris, Malcolm: »The War on Cash«, *Intelligencer*, 22. Juni 2022. *https://nymag.com/intelligencer/2022/06/the-war-on-cash.html.*

25 *https://www.taxpro-gmbh.de/steuerrecht/angriff-aufs-bargeld-das- neue-gesetz-am-1-1-2023#:~:text=Das%20bedeutet%3A%20Notare %20werden%20Vertr%C3%A4ge,Januar%202023%20in%20Kraft.*

26 *https://norberthaering.de/bargeld-widerstand/ meloni-pro-bargeld/.*

27 *https://www.it-finanzmagazin.de/fuehrende-laender- auf-dem-weg-in-eine-bargeldlose-gesellschaft-99827/.*

28 Horn, Jessica: »Fortschritt oder Dystopie: Kassenlose Supermärkte«, *Kopp exklusiv* 2/2023, S. 3 ff.

29 »EU-Kommission: Mehrheit für Abschaffung der Ein- und Zwei- Cent-Münzen«, Sparkasse, Stand 08. Juni 2021. *www.sparkasse.de/ aktuelles/abschaffung-centmuenzen.html.*

30 »Aufstieg und Fall einer Kryptobörse«, *Wiener Zeitung*, 14. November 2022. *https://www.wienerzeitung.at/nachrichten/wirt- schaft/international/2167807-Aufstieg-und-Fall-einer- Kryptoboerse.html.*

31 Horch, Philip: »Bitcoin-Börse in Geldnot: Justin Sun kündigt Entlassungen an«, *BTC-Echo*, 06. Januar 2023. *www.btc-echo.de/news/bitcoin-boerse-in-geldnot-justin-sun- kuendigt-entlasstungen-an-157324/.*

32 Maddi, Yasmin: »Die Kreditkarte: Vor- und Nachteile im Überblick«, Qonto, 3. Februar 2022. *https://qonto.com/de/blog/ bezahlmethoden/karte/kreditkarte-vorteile-nachteile.*

33 Michler, Volkmar: *Die geheime Megratrend Methode*, Bonn 2022, S. 25.

34 Diez, Isabel: »Das zählt beim bargeldlosen Bezahlen«, ahgz, 10. Januar 2023. *https://www.ahgz.de/gastronomie/news/digitales-payment-das-zaehlt-beim-bargeldlosen-bezahlen-307780?crefresh=1.*

35 Jackson, Eric M.: *The PayPal Wars – Battles with eBay, the Media, the Mafia and the Rest of Planet Earth*, 3. Auflage, New York 2012, S. 22.

36 Ebenda, S. 29 f.

37 Reitschuster, Boris: »Frontalangriff auf meine Seite. Paypal sperrt meine Konten«, 1. Juli 2022. *https://reitschuster.de/post/ frontalangriff-auf-meine-seite-paypal-sperrt-meine-konten/.*

38 »Paypal stoppt Geldfluss an WikiLeaks«, Spiegel, 4. Dezember 2010. *https//www.spiegel.de/netzwelt/netzpolitik/wachsender-druck-paypal-stoppt-geldfluss-an-wikileaks-a-732856.html.*

39 *https://www.pax-bank.de/spenden/Digitaler-Klingelbeutel.html.*

40 Name geändert.

41 Filges, Tristan: »Ich bin 25 und habe über ›Buy now, pay later‹ 22.000 Euro Schulden angehäuft – jetzt droht mir die Insolvenz«, *Business Insider*, 8. September 2022. *https://www.businessinsider.de/wirtschaft/verbraucher/ ich-bin-25-und-habe-ueber-buy-now-pay-later-22-000-euro-schulden-angehaeuft-jetzt-droht-mir-die-privatinsolvenz-p15/.*

42 *https://www.bafin.de/DE/Verbraucher/Aktuelles/ verbraucher_bnpl.html.*

43 Quellen: Verbraucherzentralen Bundesverband und Verbraucherzentrale Bayern.

44 *https://familienportal.de/familienportal/lebenslagen/ kinder-jugendliche/taschengeld.*

45 Pressemitteilung Finanzstrategie Sommese, Mainz, vom 15. Juli 2015.

46 Franz Josef Strauß auf dem Deutschen Steuerberaterkongress 1981.

47 https://www.bussgeldkatalog.de/bussgeld-vor-ort-bezahlen/?highlight=Bu%C3%9Fgeld%20vor%20Ort%20zahlen.

48 https://www.n-tv.de/wirtschaft/Technikkette-Garvis-akzeptiert-kein-Bargeld-mehr-article23846530.html.

49 »Der Corona-Cashless-Schub ist vorbei«, Pressemitteilung der ING Deutschland vom 25. Januar 2023. https://www.ing.de/binaries/content/assets/pdf/ueber-uns/presse/publikationen/2023/ingeconomicanalysis-corona-cashless-schubistvorbei.pdf.

50 Julia Pitters: »In dubio pro Euroschein: Über den psychologischen Wert des Bargeldes«, in: *20 Jahre Euro – Zur Zukunft des Geldes*, herausgegeben von Johannes Beermann, S. 498 ff., München 2022.

51 Neubacher, Bernd: »Zahl der Kontoabfragen durch Behörden erreicht neuen Rekordwert«, *Finanz-Szene*, 19. Januar 2023. https://finanz-szene.de/banking/zahl-der-kontoabfragen-durch-behoerden-erreicht-neuen-rekordwert/.

52 Orths, Birgit E.: Als Steuerfahnderin auf der Spur des Geldes, S. 358 ff., Berlin 2023.

53 Köbler, Wolfgang: »Fünf Gefahren, die Banken und Bürgern mit einem digitalen Euro drohen«, KSW Vermögensverwaltung AG. https://www.ksw-vermoegen.de/presse/fuenf-gefahren-die-banken-und-buerger-mit-einem-digitalen-euro-drohen/.

54 https://www.ecb.europa.eu/stats/ecb_surveys/space/html/ecb.spacereport202212~783ffdf46e.en.html.

55 https://www.ots.at/presseaussendung/OTS_20220922_OTS0038/kartenzahlung-oesterreich-rangiert-bei-den-bezahlterminals-auf-den-hintersten-plaetzen-in-europa.

56 https://www.bmi.gv.at/411/Volksbegehren_der_XX_Gesetzgebungsperiode/FUER_UNEINGESCHRAENKTE_BARGELDZAHLUNG/files/Begruendung_uneingeschraenkte_Bargeldzahlung.pdf

57 https://www.ris.bka.gv.at/GeltendeFassung.wxe?Abfrage=Bundesnormen&Gesetzesnummer=20009769.

58 https://www.bmf.gv.at/themen/finanzmarkt/geldwaescherei-terrorismusfinanzierung.html#:~:text=eine%20Einzahlung%20auf%20oder%20eine,den%20bereits%20erhaltenen%20Identifikationsdaten%20bestehen.

59 https://ec.europa.eu/commission/presscorner/detail/de/statement_21_5163.

60 https://www.derstandard.at/story/2000141558436/finanzminister-brunner-gegen-geplante-eu-bargeldobergrenze-von-10-000-euro.

61 https://oe1.orf.at/artikel/336593/Das-Bankgeheimnis-eine-Heilige-Kuh.

62 https://www.sn.at/wirtschaft/oesterreich/eu-recht-bei-bankgeheimnis-staerker-als-verfassung-5041348.

63 Gepp, Joseph: »Bargeld-Abschaffung: Die Anti-EU-Kampagne von ÖVP und FPÖ«, *Profil*, 17. März 2016. https://www.profil.at/wirtschaft/bargeld-abschaffung-anti-eu-kampagne-oevp-fpoe-6273447.

64 Steltzner, Holger: »Bargeld ist Freiheit«, FAZ (faz.net), 5. Februar 2016. https://www.faz.net/aktuell/wirtschaft/kommentar-bargeld-ist-freiheit-14052753.html.

65 Gepp, Joseph: »Bargeld-Abschaffung: Die Anti-EU-Kampagne von ÖVP und FPÖ«, *Profil*, 17. März 2016. https://www.profil.at/wirtschaft/bargeld-abschaffung-anti-eu-kampagne-oevp-fpoe-6273447.

66 Bachner, Michael: »Beim Bargeld hört sich der Spaß auf«, *Kurier*, 28. August 2022. https://kurier.at/meinung/beim-bargeld-hoert-sich-der-spass-auf/402126368.

67 Ebd.

68 »Grüne wollen Bargeld-Höchstgrenze von 10.000 Euro«, *Heute*, 17. Juni 2021. https://www.heute.at/s/gruene-wollen-bargeld-hoechstgrenze-von-10000-euro-100147515.

69 https://www.ots.at/presseaussendung/OTS_20221207_OTS0025/korosec-bargeld-ist-gedruckte-freiheit-das-muss-auch-so-bleiben.

INDEX

204

ÜBER
DEN AUTOR

Michael Brückner, Jahrgang 1958, lebt und arbeitet als Finanz-journalist und Autor unweit der Finanzmetropole Frankfurt am Main und in Lindau am Bodensee. Er war zunächst fast 10 Jahre Redakteur der *Mainzer Allgemeinen Zeitung,* später übernahm er die Chefredaktion des in Stuttgart erscheinenden Wirtschafts-magazins *Europa.* Anschließend leitete er die Redaktion des Im-mobilien-Fachmagazins *Monumente.* 1995 machte sich Brückner als Finanzjournalist und Autor selbstständig.

BILDNACHWEIS